蒙台梭利幼儿教育丛书

单中惠 主编

蒙台梭利
实际生活练习教具操作

傅晨 王玉华 王丛丛 等著

山东教育出版社

图书在版编目（CIP）数据

蒙台梭利实际生活练习教具操作 / 傅晨等著 . — 济南：山东教育出版社，2018（2022.3 重印）

（蒙台梭利幼儿教育丛书 / 单中惠主编）

ISBN 978-7-5701-0260-0

Ⅰ. ①蒙… Ⅱ. ①傅… Ⅲ. ①学前教育－教育理论 ②学前教育－教具－制作 Ⅳ. ①G610 ②G614

中国版本图书馆 CIP 数据核字（2018）第 111909 号

MENGTAISUOLI YOUER JIAOYU CONGSHU
MENGTAISUOLI SHIJI SHENGHUO LIANXI JIAOJU CAOZUO

蒙台梭利幼儿教育丛书 单中惠 主编
蒙台梭利实际生活练习教具操作 傅 晨 王玉华 王丛丛 等著

主管单位：山东出版传媒股份有限公司

出版发行：山东教育出版社

地址：济南市市中区二环南路 2066 号 4 区 1 号 邮编：250003

电话：（0531）82092660 网址：www.sjs.com.cn

印 刷：济南鲁艺彩印有限公司

版 次：2018 年 10 月第 1 版

印 次：2022 年 3 月第 4 次印刷

开 本：710 毫米 × 1000 毫米 1/16

印 张：18

印 数：11001－13000

字 数：220 千

定 价：62.00 元

（如印装质量有问题，请与印刷厂联系调换）印厂电话：0531－88665353

总　序

　　自 20 世纪成为"儿童的世纪"以来，意大利著名幼儿教育家玛丽亚·蒙台梭利（Maria Montessori）通过她的"儿童之家"实践和理论被世人誉为"儿童世纪的代表"。1907 年 1 月 6 日，她在意大利罗马创办了第一所"儿童之家"，开始了举世闻名的"儿童之家"教育实验和幼儿教育理论研究。作为现代幼儿教育大师，蒙台梭利不仅倾注自己的全部精力投身于幼儿教育实践，而且潜心于幼儿教育问题的思考和幼儿发展的研究，还在创立具有特色的幼儿教育体系的同时，积极地在世界范围进行宣传推广和教师培训。因此，在幼儿教育理念和方法的革新上，对 20 世纪以来的世界各国幼儿教育发展和改革产生了巨大而深远的影响。

　　对于蒙台梭利的幼儿教育实践和理论，世界上很多国家的教育家给予了高度评价和充分赞誉。这里，我们精选其中一些教育家的评价和赞誉：

　　美国教育家杜威（J. Dewey）在《明日之学校》中指出："在传播对任何真正的教育都不可缺少的自由方面，蒙台梭利已成为一个最重要的人物。"

　　瑞士心理学家和教育家皮亚杰（J. Piaget）在《教育科学与儿童心理学》中指出："蒙台梭利……对于特殊儿童心理机制的细致观察，便成了一般方法的出发点，而这种方法在全世界的影响是无法计算的。"

　　英国教育家拉斯克（R. R. Rusk）和斯科特兰（J. Scotland）在《伟

大教育家的学说》中指出："蒙台梭利体系最有意义的特点是教育的个性化。……在相当短的时间里，玛丽亚·蒙台梭利就得到了国际上的认可。……因为蒙台梭利的体系像卢梭、裴斯泰洛齐和福禄培尔的体系一样，是建立在相信每一个儿童具有天赋潜能这一信念基础上的，所以，她被公认为进步教育的一个先驱者。"

当代澳大利亚教育家康乃尔（W. F. Connell）在《二十世纪世界教育史》中指出："蒙台梭利的影响是深远的，也许对世界上每一个国家都有影响。在幼儿教育方面，自德国幼儿教育家福禄培尔时代以来，蒙台梭利的影响是最大的。"

当代德国比较教育学家赫尔曼·勒尔斯（H. Rohrs）在《世界著名教育思想家》的"蒙台梭利"中指出："玛丽亚·蒙台梭利首创的一个国际范围的丰富多彩的计划，至今依然没有堪与匹敌者。……蒙台梭利是国际新教育运动的一位真正的倡导者，因为她的改革不只是一种机械过程，用一些尽可能好的方法去取代旧的方法；她更关注的是生命的重塑和更新。"

当代美国学前教育家莫里森（G. S. Morrison）在《今日早期儿童教育》中也指出："蒙台梭利教育法已经并且至今仍被世界儿童早期教育专业人员和父母所熟知。蒙台梭利教育法能够支持儿童在准备充分的环境中自然地发展。"

尽管蒙台梭利教育思想早在20世纪20年代就在近代中国得到了一定的传播，但蒙台梭利教育在我国得到较为广泛的传播和较为深入的实践是在改革开放之后。其主要表现在：开办了一些蒙台梭利式幼儿园（有的也称为"儿童之家"），生产了成套的蒙台梭利教具，翻译出版了蒙台梭利幼儿教育著作，培训了一批蒙台梭利式幼儿教师，召开了全国性或地区性的蒙台梭利教育研讨会议，开展了与国际蒙台梭利协会（AMI）和美国蒙台梭利协会（AMS）的交流与合作。特别值得注意的是，2015年11月，中国教育学会在山东青岛举办了题为"蒙台梭利教育在中国：科学化、本土化、规范化"的全国性研讨会，会上还颁布了《中国教育学会蒙台梭利学前教育机构认证标准》;2016年又成立了中国教育学会蒙台梭利教育专家委员会，论证通过了《中国教育学会蒙台梭利学前教育教师资质认证标准》和《中国教育学会蒙台梭利教师教育机构认证标准》。

2018年是蒙台梭利的"儿童之家"创办111周年。为了更好地推进蒙台梭利教育在中国的科学化、本土化、规范化，我们翻译和编著了"蒙台梭利幼儿教育丛书"。该丛书主编是中国教育学会蒙台梭利教育专家委员会委员、华东师范大学教育学系博士生导师单中惠教授。

基于理论和实践结合的视角，"蒙台梭利幼儿教育丛书"论及蒙台梭利理论著述和教具操作两个方面，共八册。

在理论著述方面，有四册，具体包括了《科学的幼儿教育方法》（1909）、《童年的秘密》（1936）、《为了新世界的教育/童年的教育》（1946/1949）、《有吸收力的心理》（1949）。除《童年的教育》由上海政法学院教授李爱萍博士、上海政法学院副教授王晓宇博士翻译外，其余译著均由单中惠教授翻译。四册译著系根据蒙台梭利幼儿教育著作英文本翻译的，尽力遵从忠于原著、忠于读者和对文学语言忠诚的"信、达、雅"三个标准。从这四册译著来看，具有体现原汁原味、增加必要注解和标注英文页码三个特色。

在教具操作方面，有四册，具体包括了《蒙台梭利感官训练教具操作》（傅晨、董吉贺、王丛丛等著）、《蒙台梭利实际生活练习教具操作》（傅晨、王玉华、王丛丛等著）、《蒙台梭利数学教育教具操作》（傅晨、贾红梅、王丛丛等著）、《蒙台梭利科学文化教具操作》（傅晨、姜利、董吉贺等著）。四册教具操作由山东女子学院傅晨副教授组织相关幼儿教育学者和幼儿园教师共同编著，尽力清晰地阐述蒙台梭利教具操作理论和具体的操作步骤。

从这四册教具操作来看，在图文并茂地阐述的基础上，更注意凸显"示范点评"。

在"蒙台梭利幼儿教育丛书"出版之际，我们衷心感谢山东教育出版社领导的高度重视和大力支持，同时还诚挚感谢教育理论编辑室主任蒋伟编审以及编辑们的辛勤劳动。

"蒙台梭利幼儿教育丛书"得到了中国教育学会蒙台梭利教育专家委员会的推荐，在此表示最诚挚的感谢！我们期望该丛书的出版，不仅能推进蒙台梭利幼儿教育在中国的发展和研究，而且能给更多的幼儿园教师、幼儿教育工作者和幼儿教育学者以及父母们提供优质的蒙台梭利幼儿教育读物，并从阅读中得到蒙台梭利幼儿思想和方法上的更多启迪。

主编　单中惠

2018年6月

前　言

　　著名的意大利儿童教育家玛丽亚·蒙台梭利（Maria Montessori，1870—1952）在"儿童之家"的长期教育实验中创立了一种科学的儿童教育方法，形成了一种具有创新特色的儿童教育体系。

　　自瑞典教育家爱伦·凯（Ellen Key）1900年提出"20世纪将是儿童的世纪"之后，蒙台梭利通过"儿童之家"教育实践和儿童教育理论体系向世人证明，她是当之无愧的"儿童世纪的代表"。蒙台梭利1870年8月31日出生于意大利安科纳省。在早期的学校生活中，她已萌发了关心和照顾未来的儿童的想法。1886年，从中学毕业的蒙台梭利进入高等技术学院学习。出于对生物学的强烈兴趣，她于1890年秋天进入罗马大学医学院学习。1896年，通过勤奋学习，蒙台梭利成为意大利教育史上第一位女医学博士。博士毕业后，蒙台梭利担任罗马大学附属精神病诊所助理医生，并利用业余时间从事心智缺陷儿童的神经与心理疾病的研究。从1897年起，她从事心智缺陷儿童的教育工作。1901年，蒙台梭利离开意大利国立特殊儿童学校，开始致力于正常儿童的教育。1907年1月6日，她在罗马圣洛伦佐区创办了第一所"儿童之家"（Casa dei Bambini）。由此，蒙台梭利逐步进行系统的教育实验，设计了各种儿童教育教具，提出了科学的儿童教育方法，创立了举世闻名的蒙台梭利教育体系。为了进一步传播自己的儿童教育理论和方法，蒙台梭利在国内外开设了培训班，培养蒙台梭利学校教师。蒙台梭利的儿童教育著作主要有《科学的幼儿教育方法》（1909）、《童年的秘密》（1936）、《为了新世界的教育》（1946）、《童年的教育》（1949）、《有吸收力的心理》（1949）等。

在蒙台梭利教育体系中，实际生活练习具有重要的地位，并成为主要的部分。蒙台梭利在她的著述中，用大量篇幅论述了实际生活练习。她认为，实际生活练习的主要目的是通过训练儿童操作实际生活中的物品、练习实际生活中的动作，帮助儿童养成良好的生活习惯，使他们更好地适应实际生活。在蒙台梭利看来，学前阶段的儿童正处在接触社会、为形成社会完整人格打基础的阶段。因此，在儿童时期进行实际生活练习显得至关重要。通过实际生活练习可以促进各种思维能力的发展，逐步培养并形成儿童健全的人格。

蒙台梭利实际生活练习包括前置预备、照顾环境、人的照顾、优雅和礼仪以及动作发展五个部分。前置预备在于帮助儿童练习"拿""取""折""拧"等动作，以锻炼儿童的身体协调能力，培养儿童的专注力和独立性；照顾环境在于帮助儿童学习在实际生活中整理物品以及照顾植物和动物等，培养儿童的秩序感和整洁感，帮助儿童养成照顾环境的意识和能力；人的照顾在于帮助儿童练习实际生活中必备的基本动作，提高儿童的自理能力和独立性，培养儿童自我照顾的意识和能力；优雅与礼仪在于帮助儿童练习和了解社交行为中的动作和知识，培养儿童的社会性和人际交往能力，帮助儿童形成有序、礼貌的社交礼仪和行为规范；动作发展在于帮助儿童通过练习走线和肃静游戏活动，培养儿童有序、安静的心态和能力。

蒙台梭利实际生活练习遵循着一定的原则。她认为，实际生活练习的实施应该遵循安全性原则、标准性原则、真实性原则、完备与审美原则、民族性与地方性原则以及时代性原则。

　　《蒙台梭利实际生活练习教具操作》一书简要阐述了蒙台梭利实际生活练习理论，系统讲解了各种实际生活教具的操作，并配以详尽的图片说明，是一本颇具实用性的工具书。

　　本书体现了以下特色：

　　第一，在简要阐述蒙台梭利实际生活练习理论的基础上，本书更注重应用性，每一项教具操作都有详解，并且配有示范点评。因此，本书不仅可以为广大儿童教育工作者指点迷津，而且可以为他们在实际工作中提供具体的操作方法及依据。

　　第二，结合国内蒙台梭利实际生活练习的实际情况，有针对性地指出在蒙台梭利实际生活练习过程中出现的问题，并提出延伸教具和延伸活动的新思考。

　　在本书即将付梓之际，我们要感谢济南市小海豚幼儿园以及团队成员刘燕霞老师、张燕燕老师与和瑞雪老师以及分园闫鑫园长的大力支持，尤其是刘燕霞老师全程配合环境布置、教具准备并指导摄影师拍摄细节。感谢山东女子学院教育学院董吉贺院长，感谢山东师范大学的孟亚君同学、张琼文同学，本书凝聚了他们的心血。另外，还要感谢山东女子学院蒙台梭利工作室为教具操作的拍摄提供了场地，感谢山东女子学院全国家庭教育试验研究基地招标项目的经费资助。最后，我们要感谢山东教育出版社领导的大力支持，同时感谢本书责任编辑苏文静编辑的辛勤劳动。

目　录

第一部分　实际生活练习理论

一、实际生活练习的含义

蒙台梭利实际生活练习是指在社会文化传统的环境下，按照人类成长的自然规律，帮助儿童习得大、小肌肉的动作及社会文明礼貌等生活技能、样式和程序，使儿童反复不断地自发练习，并以此作为一个完整人格形成的必要过程。

实际生活练习是帮助儿童真正融入蒙台梭利环境的基础阶段，是最先介绍给儿童的内容，也是幼儿园引导课程中的必要内容。儿童在这些练习中获得一些技能、形成一些意愿，同时培养、发展各种思维能力，并开始学会把精力集中在一个活动上，学会按顺序从头至尾地做一件事情，学会为实现特定的目标而协调自己的感觉，促进肌肉运动。通过实际生活练习，获得独立性，学会有礼貌地与人相处，这些都有助于他们在其他活动中专注学习，并建立良好的人际关系，逐步形成健全的人格。

二、实际生活练习的意义

蒙台梭利是从人类学、生物学和社会学角度来探究实际生活练习的意义的。

1. 人类学角度

蒙台梭利认为，在不同时代、国家及民族的环境下，人们的生活模式也不相同。儿童学习实际生活的活动，其本身就意味着继承这一国家及民族的遗产，同时又体现了时代的发展。通过实际生活练习，儿童养成了做一个合格公民的基础能力和品质。他们一边活动一边学习，自我调整，以达到其完整人格的最高目标。实际生活练习并非模仿性的游戏，而是在现实生活环境中运用实际的物品进行一些具体活动。例如，儿童拧干毛巾中的水分去擦脸，用衣架把衣服挂起来，用器械将黄豆磨榨成豆浆，学习各种文明礼貌，等等。儿童进行这些活动是为了在现实生活中发展生存能力，寻求与建构生活秩序。

由于实际生活练习在家庭中可随时进行，因此，这些活动也构成了家庭成员日常活动的核心。通过参与家庭中的各种实际生活，儿童成为家庭日常生活的贡献者，这会使儿童感到自己对家庭日常生活有价值，从而获得自信心与荣誉感。

2. 生物学角度

蒙台梭利认为，儿童在完成实际生活的一系列活动时，必须依赖"运动"。她强调指出："儿童是通过个人努力和从事活动而得到发展的。动作是生活的基础。因此，他的发展既依靠心理的因素，也依靠身体的因素。"运动对儿童具有极大的重要性，它是创造性的能量在功能上的体现，并使人达到某种完美。运动对心理发展本身是非常重要的，运动的发生是与正在进行的心理活动相结合的。运动对心理和精神两方面的发展起着促进作用。换言之，在完整人格形成上所必要的身、心、知各方面都是由"运动"促成的。

在蒙台梭利教室中，这些实际生活练习给儿童提供一种环境和条件，以支持和满足他们的愿望，使他们的潜力得以发挥，经验得以增长。蒙台梭利认为："确实，我们不能创造天才，我们只能给每个儿童实现其潜能的机会，使他们成为一个独立、有安全感且平衡的个体，让每个儿童的学习在适当的时机，自然而愉快地产生。"

3. 社会学角度

蒙台梭利认为，实际生活练习是儿童作为未来公民继承与发展本国和本民族文化的生活习惯与生活行为方式所必不可少的。首先从现实意义上看，实际生活练习为儿童进入小学的独立生活、学习做准备；其次从儿童生理与心理学意义上看，实际生活练习满足儿童内在的发展、身体各部分运动的潜能，促进其独立精神、理解力、专注力、意志力、秩序感、自信心、责任感、荣誉感以及对物体的认知等发展。由此可见，实际生活练习是儿童教育的基础，是蒙台梭利教育的重要部分。

不得不指出，在我们的社会和家庭中，并非所有人都具备以上认识和理解。正如蒙台梭利所指出的，在我们的社会中，"成人没有思想准备去认识和接受儿童要求做自己事情的愿望"，因此，当儿童表现出这种愿望时，他们不仅感到震惊，而且还加以阻挠。

三、实际生活练习的目的

1. 实际生活练习帮助儿童适应环境以及初步建立爱和安全感

最早说到的人类倾向是"适应"。"在我们的教育方法中，我们必须采取的第一步是唤起儿童。"儿童最早接触到的群体环境是幼儿园,为了适应幼儿园,儿童需要找一些物品定位。例如,教具柜的摆放是有特定位置的,儿童需要感受到他们在这个环境中是积极活动者之一。当儿童进入教室后,实际生活练习区也是儿童在家见过的,教室里的物品也是常见的,会有安全感、熟悉感;教室里的物品都是不同材质做成的,不只是塑料做的;物品是店里都能买到的、平常的,不是奇怪的、不常见的。

儿童有特别的需求,尤其是对爱和安全感的需求,这些需求唯有仰赖成人后才能感受。儿童进入一个新的环境,必须经过一定的适应期,熟悉环境,才能建立爱和安全感。通过实际生活练习,儿童习得了一些基本的生活技能,从而适应环境,为其身心可持续发展及学会生存打下基础。

2. 实际生活练习发展儿童秩序感

在实际生活练习区,成人必须有秩序地规划环境。从实际生活练习教具的陈列开始,按照儿童的精细动作的发展规律,有秩序地陈列。抓、倒、舀、挤、剪等动作,对三至六岁儿童很重要,即使是对两岁儿童也很重要。有秩序地陈列教具,不仅能帮助儿童建立秩序感,也为日后他们从上到下、从左到右地阅读和书写做准备。

在蒙台梭利教室里,儿童的工作也是遵循由简单到复杂的规律。儿童不仅需要在较长的时间内不受打扰地工作,更需要经历完整的工作循环的过程。例如,初始工作阶段包括选择哪项工作、如何工作;过程工作阶段包括专注于教具的使用并且掌握使用方法;结尾工作阶段包括完成工作后有秩序地放回教具。其中,结尾工作阶段既包括物理层面的含义(儿童把教具放回去),也包括精神层面的含义(本项工作满足了儿童的需求)。年龄较小的儿童,可以完成物理层面,但未必能完成精神层面。通过有序的实际生活练习,可以帮助儿童培养秩序感。

3. 实际生活练习训练儿童的四种能力

（1）专注

儿童最初的发展不可或缺的要素就是专注，这是性格和社会行为的基石。没有人能从外部施加影响而使儿童专注，只有靠儿童自己才能组织其精神生活，也就是说，没有人能代替其工作。

当儿童发现自己可以主动地去认识、了解其所在的环境而且能自由运用其能力并增长心智时，他们的偏差行为就消失了。环境中有许多有趣的事情可做，他们可以随意地重复练习，并且实现从对一个练习的专注到另一个练习的专注。一旦儿童到了这个阶段，他们能长时间地专注于其真正感兴趣的事情，他们的偏差行为也就消失了。

（2）协调

在实际生活练习时，儿童运用到的"动作"是没有种类限制的。人类在生活中一定会用到各种动作，如走、跑、跳、拿、倒、夹、捏、敲、拉、吃、喝、转动等，为了维持生活，甚至会发展许多延伸动作。因此，在实际生活中加强练习这些动作，旨在使儿童能通过对他们来说相对复杂及困难的动作强化其肌肉及运动协调性，以实现正常发展。与此同时，这些动作能够增强儿童的意志，并在活动中培养其自信和独立。凡是能增进动作协调的实际生活练习，都是要达到一个特定的预设目标，使儿童不仅锻炼肌肉，而且能充实心智。

（3）独立

人类的发展是呈阶段性的，个人所拥有的自由是在追求独立的过程中获得的。独立是先由一种生理状态所展开的，是由于发展成长而造成的改变过程。精密的神经组织以及骨骼的发展决定了儿童的独立状态。一个因拥有新的能力而更加独立的儿童，如果能够自由地运用其能力，就能正常地发展。

个体不断追求独立，而后能自谋生活，这是自然界的一个共同的现象。儿童的独立是通过不断活动而获得的，所以，独立并不是静态的，而是不断前进发展以获得自由、力量以及增进自己的能力的。儿童的第一个本能就是靠自己而行动，不需别人的帮助。当他拒绝别人为其代劳时，就表示他有意独立行事。儿童不断地工作以追求独立，他要获得自己的知识经验以认识这个世界，去观察一切，而不借助他人的力量。当儿童达成独立时，成人的继续援助将成为一种障碍。

（4）秩序

儿童有双重的秩序感，一是外在的秩序感，属于儿童与环境之间关系的知觉；二是内在的秩序感，这使儿童察觉到自己身体的不同部分及它们的相关位置，这种敏感性可称为"内在适应"。通过实际生活练习，能够使儿童更好地形成这两种秩序感。

实际生活练习基本上是儿童生活应具备的技能。只要儿童愿意动手做，就可达到训练儿童这四种能力的目的，最终使儿童具有自我照顾的能力，具有表现为：

我会做，我喜欢做，以及我会越做越好。

四、实际生活练习的原则

蒙台梭利认为，凡是日常进行的活动，都可以纳入实际生活练习的范畴。在教具设计上，以儿童最熟悉的、在生活中经常遇到的事情，来帮助儿童学会自己拿、自己用。这些实际生活练习通常比较简单、明确，容易引起儿童的兴趣。在教具设计上，需要遵循以下的原则：

（一）安全性原则

凡是提供给儿童的器械必须是安全的，教具在儿童使用时应尽量避免造成伤害。例如，剪刀最好是圆头，切割的刀不过于锋利，缝衣针不过于细小，熨斗不漏电；儿童入口的食品工具及自制食品要注意清洁、卫生；户外运动器械要定期检查是否有脱口或其他不安全部分；当儿童用火、用电时，教师要随时监督以防事故的发生，等等。

（二）标准性原则

儿童的桌、椅、衣架，浇水用的喷壶、熨斗、水桶等都应符合儿童的身高要求，其尺寸以儿童的手能握取的大小为准。户外运动器械的高矮、宽窄也要适合儿童的身材，例如，秋千不可过高，索绳不可因过短而离地面过高，以便于儿童运动。

（三）真实性原则

凡是提供给儿童的用具、食物都应该是真实的。例如，用真刀可切香蕉、胡萝卜、黄瓜，用熨斗可把纱巾熨平，把洗好的袜子叠起来，用衣架将毛巾夹好，用针线缝制抹布，用绣花丝线绣花餐巾，剪贴窗花，沏茶和倒茶等。

（四）完备与审美原则

凡是提供给儿童练习的教具、运动器械都应有足够多的种类，包括儿童现实生活中的各类用具，以使他们得到充分的练习。例如，不应只在日常生活区放几种用品当点缀，或是提供给儿童切割的食物一天有、一天又没有。同时，注意教具的色彩协调，不允许把一些破旧不堪、长久失修的教具和器械提供给儿童。

（五）民族性与地方性原则

在日常生活用具中，应注意配备本幼儿园中一些少数民族儿童或外籍儿童所需用的特有用具，例如西餐用的刀叉等。

（六）时代性原则

实际生活中部分教具应随着时代的发展不断更新。例如在烹饪区，可以使用微波炉、蒸蛋器、蛋糕机、豆浆机、果汁机、电饼铛等；在学习"倒"的工作中，教具也可以更为美观和卫生，如为饮水机可以增置过滤功能；在衣饰整理方面，可以增加收纳整理的小盒子等。

五、实际生活练习的教具设计

（一）蒙台梭利教具设计的基本原理

蒙台梭利教具的种类有上千种之多，它们的外观不同，功能各异，但各类教具设计的基本原理大致相似。

1."孤立化"原理

蒙台梭利认为，"孤立化"原理是指将部分从整体中分离出来。但是，二者之间紧密相连，"整体"是由各部分组成的。倘若"整体"得到了发展，构成"整体"的"部分"也会同时得到发展。生命中的各"部分"彼此联系，能够从"整体"中分离出"部分"的功能、特质、本质以及"部分"的构造，使得"部分"功能的发挥能够淋漓尽致。只有在各方面的功能得到充分发挥的时候，整个生命才能够得到最好的发展。

"孤立化"原理是指在教学过程中，教师需要由易到难地将工作安排给不同的儿童。一种教具只能发展儿童某个方面的能力，而不是多个方面的能力，以保证儿童某个方面的能力得到充分的发展。教师应该将高难度的工作分为几个部分，由易到难，逐一递进，才能提高儿童的积极性。

2.“自我纠正”原理

蒙台梭利认为，儿童可以凭借自己内心的发展进行自我教育，并达到自然发展的目的。所以，她所设计的教具本身蕴涵“自我纠正”的功能。儿童通过对教具的操作，可以达到自我教育的目的。每种教具所具有的“自我纠正”的功能能够提醒儿童在活动过程中正确与否，从而使儿童根据教具的提示和指引得到应有的学习和发展。

通过教具的“自我纠正”功能，儿童无须教师的指导，只需要通过细心观察、对比分析、改变思路，就能发现和纠正自己操作练习中的错误。这将帮助儿童培养独立思考的能力，同时帮助儿童提升克服困难的勇气和自信。

3.“趣味性”原理

蒙台梭利认为，教具本身要符合儿童内心发展的需求，要充分考虑儿童的兴趣。教师在创设教具时要尽量寻找儿童的兴趣点。例如，教具的颜色和形状能够在第一时间吸引儿童的眼球。零至六岁儿童具有很强烈的吸收性心智，所以，教具设计成功的首要条件就是要引起他们的关注。蒙台梭利教具都有吸引儿童的地方，无论是色板的颜色、瓶中的气味以及重量板等，都能从不同的感官对儿童进行刺激，引起儿童的注意力。同时，无论是水平还是竖直摆放，教具都能呈现出漂亮的造型。

蒙台梭利教具不仅外观美丽有趣，而且能满足儿童内在的需求。这有助于儿童自愿地去操作教具，并且将自己的注意力较长时间地保持在工作上。例如，根据自己内在的需求，儿童在反复操作教具的过程中，不断地体验秩序感和成就感。

4.“科学性”原理

蒙台梭利认为，教具及其使用方法都需要考虑儿童心理发展的规律。

因此，蒙台梭利教具及使用具有层次性，操作过程从易到难，从而适应各年龄段的儿童。感官训练、数学教育等教具的操作方法也是根据儿童不同时期的需求以配对、分类、排序为导向。

蒙台梭利教具具有很强的操作性，其大小、质地和形状不仅符合儿童的体型，而且吸引儿童的探究和操作，易于儿童进行操作。

从工作最初时教具的准备到工作后教具的整理，都体现出蒙台梭利教具操作的有序性。

5."社会性"原理

蒙台梭利认为，教具要教会儿童生活能力和技能，把儿童培养成能适应社会生活的人。因此，蒙台梭利教具的设计把帮助儿童适应社会作为最终目的。例如，实际生活练习主要是照顾环境和照顾自己等方面的练习，以及教导儿童为人处事的态度。这些练习都是为了帮助儿童更好地适应环境，奠定独立生活的基础，为未来生活做准备。又如，感官训练是为了更好地促进儿童各个感官的发展，以适应社会生活。

（二）实际生活练习的教具

实际生活练习的内容通常是比较简单明确的工作。其目的除了在实际生活中教育儿童如何正确地去做和正确地使用工具之外，更重要是在这些活动中，培养他们独立地应对周围的事情，并能在生活环境中承担一定的工作的能力。从这些具体的练习中，儿童发展自己的基本能力并养成基本德行，同时发展独立意识和自主精神。

1. 实际生活练习教具的主题

教师给儿童提供的实际生活练习大致可分为两个主题。

（1）照顾自己。例如穿脱衣服、穿脱鞋子、刷牙、洗手、洗脸、梳头、修剪指甲、洗烫衣物等。

（2）照顾环境。例如除灰尘、扫地、刷桌子、擦镜子、端盘子、插花、洗叶子等。

2. 实际生活练习教具须是真实的实物

所有教具必须是在实际生活中真实可用的物品，例如真实的剪刀、刀子、饭锅等。因此，不要给儿童塑料剪子，因为即使儿童每天都进行练习，最终也无法达到练习的目的，或许还会适得其反。

3. 实际生活练习教具适合儿童使用

因为儿童始终生活在成人的世界里，所以他们很难找到适合自己练习的材料，这样他们会在敏感期因得不到正常的发展而出现心理偏差。因此，教具必须具备适合儿童的大小、长度、重量、高度等。

4. 实际生活练习教具须考虑心理因素

为培养儿童的注意力，尽量采用色彩温和的物品。为避免拿错物品产生挫败感，要将类似的物品以尺寸、材料等加以区别，例如餐巾和抹布的材料和记号就要有差别。

5. 实际生活练习教具须适应季节和文化的差异

由于每个国家的季节和文化有差异，因此，在准备实际生活练习教具时也要考虑此因素。例如，在澳大利亚，不仅有洗手的工作，还有洗脚的工作；在挪威，有穿滑雪服的工作。再如，每个国家与人打招呼的方式不同，这就要提供优雅与礼仪方面练习的教具。

6. 实际生活练习教具须有吸引力

为了提高儿童实际生活练习的欲望，在教具的颜色、形状、材料上要用心思考。教具应该是美丽干净的，吸引儿童眼球的。只有这样，才能使儿童更加感兴趣于实际生活练习，并通过反复练习达到生活能力和技能的习得。

7. 实际生活练习教具在数量上须有限制

尽管要尊重儿童的意愿，但为了控制他们在实际生活练习中的任性行为，每种实际生活练习教具只需准备一组或两组，而不要太多。此外，实际生活练习是为智能发展做准备的，所以，每种教具都要考虑配对、排序、分类，即 P（Pairing）、G（Grading）、S（Sorting）这三个要素。为了打好数学知识的基础，每组实际生活练习教具的数量尽量以10为基数或10的倍数。最重要的是，教具最好包含多种颜色并且形状分明，以有助于儿童语言和数学的应用。

六、实际生活练习中教师应注意的事项

蒙台梭利认为，教师应该尽可能了解儿童的秘密，了解儿童生命的真谛，而不要有偏见及傲慢。当儿童受到应有的尊重，并能够自主独立，他们将在实际生活练习中获得健全的人格发展。

（一）循序渐进地练习

"序"是指儿童年龄可接受的顺序，如由易到难；以及儿童身心发展的顺序，如儿童由五指抓到三指抓再到二指抓，进行越来越精细的小肌肉练习；有些内容两三岁可做，有些内容只能到四五岁时再做。

（二）反复地练习

实际生活的能力是在反复练习的基础上形成的，直到成为一种生理上的"动型"，形成一种有规则的日常行为习惯。所以，应鼓励儿童对一些难以掌握的技能要进行多次练习，例如，搬椅子、咳嗽不对人、倒水、系带子等。

（三）每种练习集中一个目的

使儿童明确练习什么增长什么能力。例如，舀豆子时要使用盘中的勺；练习抓的动作时不要用勺去舀。这样可以避免目的不集中，达不到应有的练习效果。

（四）因时因地制宜

以相同的目的不断更换不同的教具，根据儿童的兴趣而更换和添加，以提高儿童练习的兴趣。例如，舀豆子时，可以先练习舀花生，过一段时间再练习舀黑豆或红豆；也可以练习分豆子，将一个大碗中的豆子分到三个碗里；打领带结的领带可以不断更换；不同时期让儿童切不同的东西，如黄瓜、胡萝卜、香蕉、苹果等。

（五）注意安全

儿童常常愿做一些真实的、有成效的事情。例如，切物品、打豆汁和果汁等，但要注意安全。用电锅煮豆汁时，教师应示范和讲解正确的使用方法，仅让五至六岁儿童运用。

七、实际生活练习的内容

实际生活练习的内容大致可分为七个方面。

（一）一般物品的放置

首先，要为儿童提供安全舒适的活动空间、放置丰富的物品，以满足儿童的欲望。其次，要尊重儿童的选择，让儿童的自由活动不受外界拘束。再次，不要过早地纠正儿童的错误，让儿童在自我的练习中，逐步丰富自己的内心世界；同时让儿童按照自己的节奏和速度做事，不要干扰他们，以培养他们的专注力。最后，要让儿童在实际生活练习时，与其他领域的练习相结合，以培养儿童各方面的能力。

（二）一般物品的用法

实际生活练习从简单的练习开始，继而做复杂的练习。当儿童进入一个新的环境开始探索新的事物时，一定会发现一些活动模式是自己熟悉的，或是在自己家里看过的、做过的。例如，如何拿托盘和杯子、搬运桌椅、倒水以及如何使用地毯等。这些活动都有助于儿童学会正确的动作，获得操作的要诀。

（三）生活礼节

教师教导儿童社会行为的基本要素，引发儿童对生活礼节的兴趣。例如，儿童不仅学习保持安静，而且要知道什么时候该安静；儿童不只学会了各种问候的礼仪，也会将其应用到同伴之间的交往之中。需要注意的是，在社会礼仪部分，实际生活练习教具随着国家、地区风俗的不同，其内容、材料、数量、形状也有所不同。

（四）肢体控制

儿童的需求和成人不同，教师必须通过观察来帮助他们，发展其体能。例如，三至六岁儿童除了喜欢趴在地上，也喜欢坐在地上，两腿盘起或伸出一条腿到旁边，让支撑身体的范围更宽广。所以，应该准备工作毯，让儿童坐在地毯上工作，目的是让儿童轻松舒畅地进行练习。

此外，锻炼儿童的肌肉也是蒙台梭利教育中不可缺少的内容。例如，户外大肌肉运动既有呼啦圈、拔河、气球伞等，还有走平衡木、垫上游戏等。每项复杂的活动都有单一的理念，要做好变化多端的动作有一个秘诀，就是平衡。因此蒙台梭利教室有"线上活动"的设计,其目的是帮助儿童平衡,这不仅是肢体活动的必要练习,也可以促进儿童大脑的发展。

（五）动作协调

四至五岁的儿童因为肌肉和神经系统发展不够成熟,会有拿捏不准或动作不稳的状况。实际生活练习设计了手和眼以及大、小肌肉的协调,并编排在实际生活常见的动作之中。

（六）照顾自己

实际生活练习为儿童提供学会自己照顾自己的机会,达到培养儿童生活自理能力的目的。在童年时期,儿童有强烈的自立渴望,应该为他们准备好环境,一些生活琐事由他们自己来做。例如,穿衣、脱衣、梳头、鞋子的保养与整理、洗脸刷牙、整理自己的物品,等等。教师需注意,要将动作完全分解并分析清楚,让儿童在一旁练习;运用明确的指示语言,但不是命令和强迫,让儿童用自己的方式去完成这些活动。通过练习,让儿童渐渐脱离依赖成人的习性,按照自己的节奏,慢慢地趋于独立。

（七）照顾环境

环境与人的生活息息相关。儿童也有自己的生活环境,一般来说,他们所处的环境主要是幼儿园和家庭,所以要特别注意在幼儿园和家庭中培养儿童对环境的关心。在幼儿园,需要儿童参与的练习有:扫地、擦桌子、洗毛巾、洗碗、照顾植物、记录天气、照顾小动物、整理书架、整理教具等。教师应该尽可能地让儿童独立工作,亲自完成每个动作的细节,并使他们自然而然地与环境产生一种亲密的关系。

实际生活中一些例行事情,对于成人来说简单容易,但对于三至六岁儿童而言，却是新鲜又刺激的，他们必须学习正确的方法，适应随时可能发生的事情。当教师给儿童示范这些与实际生活有密切关系的练习时，应该放慢速度让儿童清楚明白；同时留意周围的环境，需设计供他们使用的物品，大小尺寸适当，形式简单方便，注意美观整齐，并放置在固定的位置。

八、实际生活练习的示范指导原则

（一）示范时坐在儿童右边

如果教师惯用的手是左手，或者儿童惯用的手是左手的话，可以坐在儿童左边。最重要的是让儿童可以清楚地看到教师的示范。

（二）用眼神与儿童交流

在示范的过程中，教师要经常看看儿童的眼睛，有时候要使用简短的语句，如"看，跟着我"等，以吸引儿童的注意力。

（三）注意示范的方式

当教师做某件事情的时候要避免说话，但如果儿童要沟通的时候教师要停下来，等儿童说完后再继续示范。总之，示范的时候不说话，说话的时候不示范。

（四）使儿童有兴趣

教师要等儿童真正预备好再邀请他们，确保儿童是有兴趣的。邀请儿童的表达方法是多种多样的，例如："看，我要带你做这项操作练习。"在邀请儿童的时候不要总是问他们，例如，教师说："我可以带你做什么吗？"儿童很可能会说"不"，因为儿童并不确信教师要带他做什么。

（五）确保所有教具准备就绪

在操作练习时教师站起来拿一个物品或其他干扰，都会破坏儿童的兴趣。尤其是实际生活领域，教师示范时会使用动作分析，有时在示范时会对某些点加以强调，这些必须通过眼神传达给儿童。示范不应该被任何事情所干扰，除非有紧急情况。

（六）注意练习的有序性

应该让儿童从教具柜上拿教具，而不是由教师把教具直接给儿童。就有序性而言，这样做能够使儿童知道这个教具是从哪里拿来的，练习完成后也要把教具归于原位。

（七）不可以直接在地板上使用教具

教师要让儿童在地垫或者桌子上使用教具，不可以直接在地板上使用教具。如果有托盘或篮子要放到一边时，可以放到工作毯或桌子的右上角；如果托盘太大，没有地方放，可以先送回教具柜。

（八）不要期望过高

教师不要期望儿童会按照与示范一模一样的方法来重复练习。重要的是儿童能掌握教师示范的本质，能够按照自己的方式成功地做成即可。所以，教师要对儿童进行观察，了解他们是否已经掌握操作要领，是否需要教师的帮助来获得成功。

第二部分　实际生活练习教具操作

1　双手拿物

教具构成：

托盘。

直接目的：

1. 让儿童学习拿托盘的动作。

2. 让儿童养成照顾环境的意识。

3. 增强儿童的小肌肉运动、协调能力。

间接目的：

1. 发展儿童的专注力。

2. 发展儿童的协调能力。

示范过程：

1. 教师准备一个托盘。

2. 教师邀请儿童："今天我要带你操作一项新的教具，名称是'双手拿物'。"

3. 教师面对托盘，微微欠身，双手握住托盘两边的把手，每只手都是大拇指在上，其他四指在下。

4. 教师将托盘托起至胸前，两手握住托盘的边缘，手臂朝腋下靠近，小臂弯成直角，水平地端着托盘。

5. 教师在指定的地方以水平的动作轻轻放下托盘，不要发出声音。

错误控制：

托盘倾斜、滑动。

年龄：

两岁半以上。

活动变化与延伸：

1. 让儿童拿不同的物品，如水桶、盒子等。

2. 让儿童持物走线。

示范点评

蒙台梭利认为："与人的心理相关的真正的'运动特征'是手的运动，它为人的产生思想的心理服务。"人的双手与心理生活是相联系的。双手拿物锻炼和发展了手的协调性、灵活性。因此，儿童心理发展的研究必须与对受到其心理刺激的双手活动的研究紧密联系起来。

1. 在实际生活练习中，有关物品的"拿"的动作特别多，是生活中不可缺少的动作。儿童"拿"的动作练习对于精细动作的发展起着至关重要的作用。

2. 教师需注意拿托盘时手的位置，端托盘时托盘不可倾斜，否则托盘中的物品会掉落。

3. 教师需注意，放置托盘时，双手拿放防止单手不慎滑下，以至发出声响，打乱秩序。

4. 这项操作练习有利于使儿童养成安静、秩序、整齐放置物品的好习惯。

2 取水壶

教具构成：

水壶。

直接目的：

1. 让儿童学习如何取水壶。

2. 让儿童养成照顾环境的意识。

3. 锻炼儿童的精细动作、双手配合动作。

间接目的：

1. 发展儿童的专注力。

2. 增强儿童的双手协调能力。

示范过程：

1. 教师准备一个空的水壶，并将水壶把手正对自己，壶嘴朝前，轻轻地摆放在桌子上。

2. 教师邀请儿童："今天我要带你操作一项新的教具，名称是'取水壶'。"

3. 教师伸出右手，微微欠身，右手的食指和中指由水平变为微微倾斜，并用食指和中指勾住水壶的把手，大拇指放在水壶把手的上面。是用两个手指还是四个手指勾住把手取决于水壶的大小。

4. 教师伸出右手，放在壶嘴正下方，左手五指并拢，沿着壶身微微弯曲，抱住壶身。

5. 教师双手同时抱起水壶，身体微微向左倾斜。

6. 教师双手配合轻轻转动壶身，使水壶保持把手朝右、壶嘴朝左的状态。

7. 教师保持双手抱着水壶的姿势，沿着桌边缓缓地走一圈。走路时，眼睛要做出看地面有无障碍物的动作，可以用余光打量地面，然后抱着水壶回到原点。

8. 教师双手配合轻轻地转动壶身，使水壶壶嘴朝前，壶把手面对自己。

9. 教师要观察桌面有无障碍物。

10. 教师双手稍微倾斜水壶，使靠近左手的壶嘴一侧先着地，左手在壶嘴下面做出承托的姿势，然后从左到右轻轻地使整个壶底置于桌面。

11. 教师轻轻地收回左手，然后右手从壶把手中间移出，收回右手。

12. 教师邀请儿童按照示范的方法操作。

错误控制：

1. 水壶倾斜。

2. 水壶把手和壶嘴的朝向不对。

3. 双手的配合不到位、不协调。

年龄：

两岁半以上。

活动变化与延伸：

让儿童取不同把手、不同大小的水壶。

示范点评

1. 蒙台梭利认为："手工技能的发展和心理发展是同步的"。精细的工作更需要智力心理的关注和指导。因此，这项操作练习有利于促进儿童的心智发展。

2. 取水壶是实际生活中一个经常性的动作。水壶中的水量、水的温度等都会对儿童的动作和安全产生一定的影响。儿童取水壶这一动作练习有助于增强儿童的精细动作和协调能力。

3. 教师需注意，在取水壶时保持水壶直立，以保证动作示范的规范、到位。

4. 教师需注意，用两只手拿水壶，并注意双手的配合协调。儿童学会正确的方法，对他们的成长和日常生活将会有很大的帮助。

5. 教师需注意在不同时刻水壶把手和壶嘴的朝向，以方便儿童取用和放置。

6. 教师需注意，在放置水壶时，先将靠近自己的壶底置于桌面，然后再轻轻地将整个壶底放下。同时，稍微倾斜水壶，防止发出声响，打乱秩序。

3 搬椅子

教具构成：

椅子一把。

直接目的：

1. 使儿童学习如何安全搬椅子。

2. 提高儿童调整运动方向的能力。

3. 增强儿童的平衡能力以及肌肉的协调能力。

4. 让儿童养成照顾环境的意识。

间接目的：

1. 发展儿童的专注力。

2. 培养儿童的秩序感。

3. 增强儿童的协调能力。

4. 增强儿童成就感的体验。

示范过程：

1. 教师准备一把椅子。

2. 教师邀请儿童："今天我要带你操作一项新的教具，名称是'搬椅子'。"

3. 教师双脚并拢并弯下身子，身体朝向椅子，大约成120度角。

教师缓慢地伸出自己的左手给儿童看一下，此时左手四指并拢，大拇指朝上。右手放在身体右侧的中缝线处。教师注意在伸出左手时稍作停留，确保儿童注意到你的左手。

4. 教师把左手轻轻地放在椅背上，稍作停留，同时用眼睛看向儿童，确认儿童的注意力集中在教师手的动作上。

5. 教师先用左手的四指握住椅背，然后将大拇指放在椅背的上面，四指与大拇指环绕椅背完成抓握动作。

6. 教师伸出右手，四指放在椅面的下面，大拇指放在椅面上，身体成直角。四指和大拇指环绕椅面完成抓握动作。

7. 教师双手配合提起椅子，手臂自然夹紧身体，椅子提在身体的正前方，使椅子保持水平。

8. 教师保持双手搬椅子的姿势，围绕一个中心点走一圈，走的同时要做出低头看地面有无障碍物的动作，用余光观察地面，然后回到原地。

9. 教师在椅子落地前，先观察地面有无障碍物。

10. 教师弯下腰，先将靠近自己的一条椅子后腿轻轻着地，接着将另一条后腿着地，然后是两条前腿着地，不要发出声音。

11. 教师将右手从椅面上轻轻地松开，收回；再将左手从椅背上松开，收回。教师站起身，面向儿童。

12. 教师邀请儿童按照示范的方法操作。

错误控制：

1. 发出声音。

2. 椅子的拿法不正确。

3. 碰到人或其他物品。

年龄：

两岁半以上。

活动变化与延伸：

1. 让儿童拿教师用的椅子或其他种类、其他形状、其他材质的椅子进行搬运的练习。

2. 让儿童练习搬凳子。

示范点评

1. "搬"的动作是社会生活方式的必备技能。作为教师，"从整体上考虑我们的教育方法，我们必须在儿童为社会生活方式做好准备的基础上开始工作，并且必须吸引他们对这些社会生活方式的注意力"。

2. 搬椅子是儿童实际生活中的一个常见动作。搬起椅子、轻轻地放下椅子，这些动作都需要儿童具备良好的动作控制能力。实际生活练习并非模仿性游戏，而是在实际生活中运用实际的物品进行一些实实在在的活动。儿童进行这些活动是为了在实际生活中发展生存能力，寻求与建构生活秩序，使个人同化于社会环境之中。

3. 教师需注意，在搬椅子时不要碰到任何物品，以防止损坏其他物品或者威胁儿童安全。

4. 教师需逐步让儿童练习双手搬物品。同时，在搬物品的时候，手要牢牢抓住，以防椅子从手中滑落。

5. 教师需注意，搬起椅子或者放置椅子时，动作要轻，防止发出声音，以免影响整个活动氛围。

4　搬桌子

教具构成：

桌子。

直接目的：

1. 让儿童学习如何正确地搬桌子。

2. 提高儿童调整运动方向的能力。

3. 加强儿童的平衡能力以及肌肉的协调能力。

4. 让儿童养成照顾环境的意识。

间接目的：

1. 发展儿童的专注力。

2. 培养儿童的秩序感。

3. 增强儿童的肢体协调能力。

4. 增强儿童的独立生活的自理能力。

示范过程：

1. 教师准备一张大小、重量适合儿童搬运的桌子。

2. 教师邀请儿童："今天我要带你操作一项新的教具，名称是'搬桌子'。"

3. 教师站在桌子的一端，背朝桌子，根据桌子与儿童的高度弯腰屈膝；将两只手的手背朝向身体，手心朝向桌子，双手握住桌子边缘。每只手都是大拇指在上，其余四指在下，握住桌子的一边。

4. 教师请儿童站在桌子的另一端，身体站直，用双手托起桌子的另一边，两只手都是大拇指在上，四指在下。根据桌子的长短、形状来判定师生的站位，例如搬运长桌时，教师和儿童分别站在最长的两端。

5. 教师口中喊着："准备好了吗？一、二，起！"然后和儿童同时托起桌子。教师要根据儿童的高度调整托起桌子的高度，以水平的动作轻轻抬起桌子。

6. 教师和儿童保持抬桌子的姿势，带领儿童行至目的地。在行进过程中，教师要有意识地避开障碍物，并指导儿童注意观察地面和路线。

7. 师生到达目的地后，教师发出口令："准备好！一、二，落！"教师指导儿童轻轻地将自己一侧的桌腿放下，教师保持不动。待儿童将桌腿放置好之后，教师轻轻地将另一侧的桌腿放下，不要发出声音。

错误控制：

1. 发出声音。

2. 碰到人或物品。

3. 教师和儿童两个人手的高度不同，致使一方会受力严重。

年龄：

三岁以上。

活动变化与延伸：

1. 让儿童练习一个人搬桌子、与老师或其他小朋友一起搬桌子。

2. 让儿童搬运不同形状、颜色、材质的桌子。

3. 在将桌子放置在合适位置的基础上，摆设桌子。

4. 在节日期间，布置餐桌。

示范点评

1. 在实际生活中，搬桌子是一个常见的动作。在此过程中，需要轻轻地抬起与放下，这些都有助于培养儿童良好的动作控制能力。

2. 教师需注意，在搬椅子时不要碰到任何物品，以防止损坏其他物品或者威胁儿童安全。

3. 教师需逐步引导儿童练习使用双手搬物品，同时注意在搬物品的时候，两个人手的高度尽量保持相同，放下的时候要注意手的位置及桌脚的放置方法。

4. 教师需注意，搬起桌子或者放置桌子时，动作要轻，防止发出声音，以免影响课堂氛围。

5　开关瓶子

教具构成：

一个托盘，五至六个不同颜色、形状和大小的瓶子。

直接目的：

1. 让儿童学习如何打开、关上瓶子。

2. 发展儿童手眼协调能力。

3. 增强儿童腕部肌肉的训练。

间接目的：

1. 发展儿童的专注力。

2. 锻炼儿童手腕及手指的灵活性。

3. 培养儿童手眼协调能力及配对的对应观察力。

示范过程：

1. 教师按照上述要求准备教具。

2. 教师邀请儿童："今天我要带你操作一项新的教具，名称是'开关瓶子'。"随后教师邀请一名儿童走到教具柜前，示范取教具的方法：四指在下，拇指在上，握紧托盘。示范完毕后让儿童独立取教具。

3. 教师轻轻拍一下儿童面前的桌面，示意儿童将托盘放置于桌子的右上角。

4. 教师请儿童选一个感兴趣的瓶子，并询问儿童："你想先打开哪个瓶子？"

5. 教师取出儿童感兴趣的瓶子，轻轻地放在桌上，用左手三指，即拇指、食指和中指捏住瓶身，控制瓶子不动，用右手三指抓住瓶盖，右手的食指和中指在瓶盖上部，大拇指在瓶盖的一侧，双手配合，将瓶盖逆时针旋转一周。

6. 教师左手握住瓶身，保持瓶身稳定不动，同时右手的食指和中指回到原点再按逆时针方向旋转一周，直至旋转完毕，瓶身与瓶盖二者分离为止。

7. 教师打开瓶盖，用右手将瓶盖朝上，并放到瓶子旁边的桌面上，不要发出声音。

8. 教师邀请儿童一起往瓶子里面看并说"空的、空的、空的"。

9. 教师用语言指导儿童将瓶盖关上并说"下面我们把瓶盖拧回去"。

10. 教师关上瓶盖，右手三指抓住瓶盖，中指和食指放在瓶盖上面，大拇指放在瓶盖一侧。用三指抓的方法轻轻地将瓶盖拿起。左手三指保持握住瓶身的姿势，使瓶身稳定不动。

11. 教师伸出右手的食指，拉一下瓶盖，使瓶盖口朝下。

12. 教师手拿瓶盖在瓶子上方移动，直到对准瓶口，下落，提示儿童必须先观察瓶身是否放正，再开始按照顺时针方向旋转，同时左手保持不动，并用语言提示："转、转、转"，直至瓶盖拧结实，在此期间不要发出声音。

13. 教师把瓶子放回到托盘，邀请儿童试一试。

14. 教师从左至右依次将所有瓶子的瓶盖取下，再将所有的瓶盖盖在瓶身上。

15. 教师邀请儿童按照示范的方法操作。

16. 练习结束后，教师指导儿童将教具放回教具柜上。

错误控制：

1. 瓶盖没有拧在相应的瓶子上。

2. 双手的配合不到位、不协调。

3. 没有旋转完毕就结束工作。

年龄：

两岁半以上。

活动变化与延伸：

1. 让儿童学习拧螺丝、拧笔管等。

2. 利用生活中常见的其他需要开和关的瓶子进行练习，例如饮料瓶和水壶，儿童的兴趣会很容易被调动。

示范点评

1. 开关瓶子是实际生活中经常遇到的一个动作。为了使儿童对该活动更有兴趣，更好地理解和练习，瓶子最好从其他练习中可能涉及的或者实际生活中用得到的物品中获得。

2. 教师需注意，瓶身上不能有文字、图片等。如果是旧物要清洗干净并消毒，保证瓶身整洁、安全。

3. 教师需注意，瓶盖要移动到瓶子的正上方，严丝合缝。注意观察儿童有没有完全拧好，防止瓶盖倾斜。

4. 教师需注意，瓶盖拧开时是按逆时针方向，拧上时是按顺时针方向。这种顺序性看似简单，但培养了儿童最初的顺序感。这种能力可以迁移到日常生活中去，帮助儿童学会使用各种生活用具，为生活独立做准备。

5. 教师需注意，拧开的瓶盖是盖口朝上放置在桌面上的。

6. 这项操作练习有助于提高儿童的手眼协调能力和专注力，让儿童养成在物品使用前或使用后及时开关瓶子的习惯。

7. 三岁左右的儿童对于该工作的兴趣浓厚，常常百玩不厌。蒙台梭利说过："儿童连续专注于一种单一的工作、一种使用外在物体的练习……儿童正常化特征的展现显然来自一种内在冲动，就像'重复练习'和'自由选择'一样。这是真正的儿童所进行的活动，带着热情和愉悦、毫不疲倦，因为他的活动就像一种心理的新陈代谢"。

6 开关盒子

教具构成：

一个托盘，适合儿童开关的五个不同大小、不同形状和需不同方法打开、关上的盒子。

直接目的：

1. 让儿童学习如何打开和关上盒子。

2. 发展儿童手眼协调能力和开关动作。

3. 发展儿童能力与动作的迁移及变化。

间接目的：

1. 发展儿童的专注力。

2. 增强儿童的协调能力。

3. 增强儿童的独立性。

4. 使儿童学会使用各种生活用具，为独立生活做准备。

示范过程：

1. 教师准备大小、形状适合儿童开关的盒子。

2. 教师邀请儿童："今天我要带你操作一项新的教具，名称是'开关盒子'。"

3. 教师带领儿童走到教具柜前，示范如何正确取教具，然后请儿童独立取教具并放到桌面上。

4. 教师轻轻地拍一下桌面，示意儿童将盒子放在桌面的右上方。

5. 教师询问儿童："你想先打开哪个盒子？"请儿童选一个感兴趣的盒子。

6. 教师伸出右手，用三指抓的方式取出儿童指定的盒子，右手的食指和中指捏住右侧盒身，大拇指捏住左侧盒身，将盒子放置在自己面前。

7. 教师伸出左手，用大拇指、食指、中指三指握住盒体。

8. 教师伸出右手，将食指、中指先放在盒盖上，然后将大拇指放在盒盖上。

9. 教师身体与盒子保持水平，左手握住盒体，保持盒体稳定不动，右手用力向上提，直至盒盖离开盒体并开盒盖。右手将盒盖朝下，放到盒体旁边的桌面上，不要发出声音。

10. 教师邀请儿童往盒体里面看并说"这是空的，下面我们把它盖上"。

11. 教师身体微微前倾，眼睛观察盒体及其上方边缘，伸出左手，用三指握住盒体。

12. 教师伸出右手，用三指拿起盒盖，食指和中指放在盒盖前侧，大拇指放在盒盖后侧，用右手将盒

盖移到盒子正上方，用适当的力度将盒盖压在盒体上，直到盖上盖子。

13. 教师邀请儿童按照示范的方法操作。

14. 操作结束后，教师指导儿童将教具放回教具柜。

错误控制：

1. 盖子没有盖在相应的盒子上。

2. 针对不同的盒子，不能采用合适的开关方法。

3. 双手的配合不到位、不协调。

4. 没有旋转完毕就结束操作。

年龄：

两岁半以上。

活动变化与延伸：

1. 让儿童学习开关其他形状、大小、颜色的盒子。

2. 利用日常生活中常见的其他需要开关的盒子进行练习，例如玩具盒或妈妈的化妆品盒，充分发挥儿童的主动性。

示范点评

1. 教师目的要清晰明确，不需要将这个练习设计得太复杂，只需让儿童练习打开及合上的动作，一旦儿童掌握了这个技能，教室里有许多可以供儿童练习的物品。

2. 在实际生活中，需要通过开关动作来打开、合上的物品很多，这种能力的习得可以迁移到实际生活中去。因此，让儿童练习开关的动作非常必要，对于儿童手眼协调能力和专注力的发展也具有重要作用。

3. 教师需注意，不同的物体其盖子及盒身是不同的，需要逐个对应。在这个过程中，要注意引导儿童观察时的顺序性，例如按大小或材质等，只有把握这种关键的"量"的差异才能进行配对。

4. 教师需注意，将盒盖盖紧后才可结束工作，这是蒙台梭利式教学活动的特点之一。一方面，教具本身具有次序性，操作过程中，每一细小的环节不能省略或者简化；另一方面，练习能够培养儿童认真、持久工作的品质。

7　卷工作毯

教具构成：

工作毯，在固定的地点准备好教具（在工作毯架上常备大、中、小三种工作毯）。

直接目的：

1. 让儿童学习正确卷、铺工作毯的方法。

2. 锻炼儿童四肢运动的协调性。

3. 培养儿童手腕用力的精准性。

4. 培养儿童照顾环境的意识。

间接目的：

1. 发展儿童的专注力。

2. 培养儿童的连续性动作。

3. 培养儿童自主工作的独立性及有始有终的工作态度。

4. 培养儿童的秩序感。

示范过程：

1. 教师准备工作毯架和一块工作毯。

2. 教师邀请儿童："今天我要带你操作一项新的教具，名称是'卷工作毯'。"

3. 教师双手竖着取出工作毯，手要一上一下握住工作毯，注意工作毯要竖着放置胸前。

4. 教师保持跪坐的姿势，身体微微前倾，将工作毯轻轻地放在地板上。

5. 教师伸出右手，在靠近右手边的位置，四指放在工作毯上面，拇指放在工作毯边缘的下面。

6. 教师抽出右手四指和拇指同时压在工作毯上，然后抽出左手四指压在工作毯上，大拇指放在工作毯的下面，双手保持水平。

43

7. 教师把右手拇指放在工作毯下面，左手拇指也放在工作毯下面。

8. 教师双手配合同时朝外翻卷工作毯。卷一段后用双手拍打工作毯两侧，防止工作毯翻卷时倾斜，直到工作毯被完全卷起来。

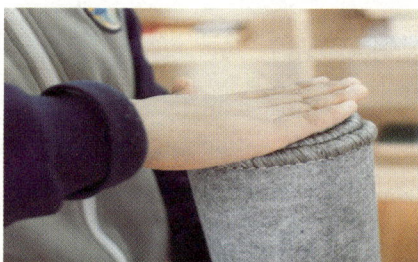

9. 教师将工作毯竖直立起，水平放在胸前，距离身体约5至10厘米，用右手拍工作毯上端，平整后双手一上一下抱起送回工作毯架。

10. 教师邀请儿童按照示范的方法操作。

错误控制：

1. 工作毯两端不整齐、卷不住。

2. 没有工整有序地放回工作毯架。

3. 工作毯与身体之间没有保持适当间隔，仅用身体抱住。

年龄：

两岁半以上。

活动变化与延伸：

1. 让儿童练习各种尺寸工作毯的卷、铺方法。

2. 让儿童尝试生活中其他需要卷起的物品，例如纸巾、布、塑胶垫、硬图画纸等。

3. 教学延伸

语文：儿童认识"工作毯""长方形"。

示范点评

1. 卷工作毯是蒙台梭利实际生活练习的一项基本工作，但这并不是一项容易的工作。儿童需要认真地反复练习，才能达到卷工作毯的标准，从而发展儿童的平衡能力和肌肉协调能力，增强儿童的专注力。

2. 这项操作练习的示范方法可以是团体示范，也可以是小组示范或个人示范。

3. 所选择的工作毯材质不要太厚，也不要太重。

4. 当工作毯太大时，可以考虑由两个人一起搬运、放下、铺开、卷起。

5. 教师需注意，示范动作要标准、缓慢。工作毯要卷得比较紧，防止卷歪，放下时将末端朝前。

6. 教师需注意，要保证工作毯的两侧边缘对齐，平整后双手抱起放回原位。

7. 这项操作练习有助于使儿童养成安静、有序、整齐地放置物品的好习惯。在此基础上，拓展至生活中其他需要卷的物品并保持物品整齐，使儿童的生活环境更为舒适。

8. 卷工作毯是实际生活练习教具操作的第一步和最后一步的工作。儿童通过反复练习，坚持不懈地完成每一个步骤，从而获得满足感和成就感。

8　折布

教具构成：

1. 篮子一个或者托盘一个。

2. 面积为20×20厘米，大小相同的五块素色、无图案的布。第一块布中间有一条水平线，第二块布有中间垂直、水平交叉两条线，第三块布有中间一条水平线、两条垂直线把整块布平均分成六块，第四块布没有线，第五块布中间有一条对角线。

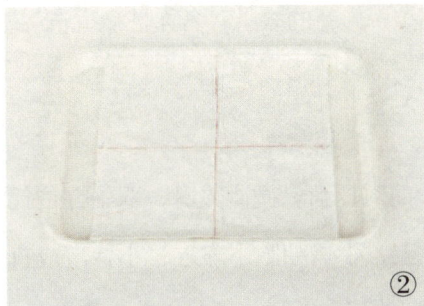

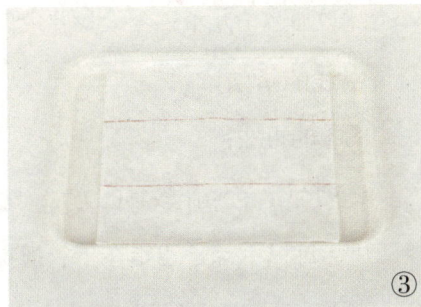

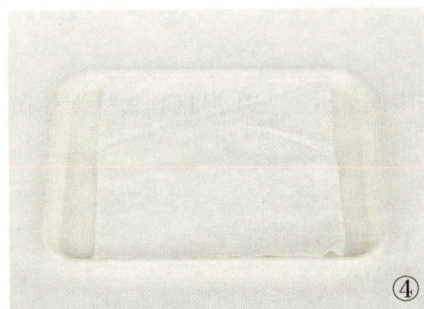

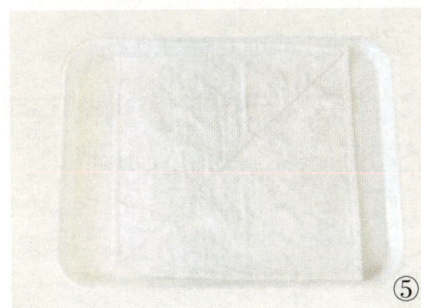

①

②

③

④

⑤

直接目的：

1. 让儿童学习正确折叠的方法。

2. 使儿童学会简单的生活技能，为培养生活独立自主能力奠定良好的基础。

3. 发展儿童的手眼协调能力。

4. 培养儿童照顾自己的意识。

间接目的：

1. 发展儿童的专注力。

2. 增强儿童的协调能力。

3. 发展儿童有秩序做事的能力。通过操作感知可以把原有物体由大变小并可以不断改变其形状。

示范过程：

1. 教师按照上述要求准备教具。

2. 教师邀请儿童：“今天我要带你操作一项新的教具，名称是‘折布’。”

中线的折法

图①的折法：

1. 教师示范操作教具的方法。教师面对托盘，微微欠身，双手握住托盘两边，每只手都是四指在下、拇指在上，手臂朝腋下靠近，小臂弯成直角，水平地端着托盘，到指定位置轻轻地放下。教师指导儿童独立取教具，并放在桌上靠近儿童的地方。

2. 教师左手拇指和食指捏住布的左中间部分，右手拇指和食指捏住布的右中间部分，取出第一块布。

3. 教师左手食指在上，拇指在下，捏住布的左下角，右手食指和拇指捏住布的右下角，双手保持水平、均衡地用力，将布前折。

4. 教师左手四指并拢，压住布的左下角，右手掌脊轻轻地划过线条，按照从上至下、从左至右的顺序将布抚平。教师用左手按住布的左边，右手双指从左至右或从上至下触摸错误控制线，沿着控制线依次折布，直到折好。

5. 教师左手四指在下、拇指在上，捏住布的左边，右手以同样方法捏住布的右边，双手配合把折好的布放到桌子左上角。

图②的折法：

1. 教师示范操作教具的方法。教师面对托盘，微微欠身，双手握住托盘两边，每只手都是四指在下、拇指在上，手臂朝腋下靠近，小臂弯成直角，水平地端着托盘，到指定位置轻轻放下。教师指导儿童独立取教具，并放在桌上靠近儿童的地方。

2. 教师左手拇指和食指捏住布的左中间部分，右手拇指和食指捏住布的右中间部分，取出第二块布。

3. 教师将布轻轻打开，用双手的手指捏住布角两端，左手拇指和食指捏住布的左侧布角，右手拇指和食指捏住布的右侧布角，缓缓地向左右两侧拉伸，让折痕自然展开。

4. 教师双手配合将布轻轻抚平。

5. 教师引导儿童注意纵横折线，指导儿童在折线上用手指轻轻抚过（按横、纵的顺序）。

6. 教师左手食指在上、拇指在下，捏住布的左下角，右手食指和拇指捏住布的右下角，双手保持水平、均衡地用力，根据横向折线的痕迹将布前折。

7. 教师按照折线的痕迹将布轻轻抚平。

8. 教师将布向左旋转90度，使要折的纵向折线与身体呈平行的状态。

9. 教师再将折线折好，暂时将双手放开。

10. 教师用左手轻按折好的布，右手的两根手指从左向右抚平褶皱，再轻轻地压出折线。

11. 教师将折好的布放回托盘内，保持刚拿起时同样的平顺整齐，以便下一个儿童练习。

12. 教师邀请儿童自己练习。

13. 当儿童操作完时，教师向儿童示范如何将教具送回教具柜。

图③的折法：

1. 教师示范取教具的方法。教师面对托盘，微微欠身，双手握住托盘两边，每只手都是四指在下、拇指在上，手臂朝腋下靠近，小臂弯成直角，水平地端着托盘，到指定位置轻轻放下。教师指导儿童独立取教具放在桌上靠近儿童的地方。

2. 教师左手食指和拇指捏住布的左中间部分，右手食指和拇指捏住布的右中间部分，取出第三块布。将取出的布放在左手上，用右手轻压着，放到桌子或工作毯中央。

3. 教师将布轻轻向两边打开。用手指捏住布角两端，左手拇指和食指捏住布的左侧布角，右手拇指和食指捏住布的右侧布角，让折痕自然展开。

4. 教师双手配合将布轻轻抚平。

5. 教师引导儿童注意两条平行的横折线，指导儿童用手指抚平折线。

6. 教师左手捏住布的左下角，右手捏住右下角，将布从下侧提起到第一条横折线的地方，慢慢地对齐第一条横折线后折叠。

7. 教师按照第一条横折线的反面痕迹，用掌脊轻轻地抚平折好的布。

8. 教师用右手捏住折完后的布的右下角，左手捏住左下角，将布从下侧提起到最上侧的边缘处，根据第一条横折线的痕迹将布向前折叠。

9. 教师将折好的布轻轻抚平。

10. 教师将折好的布放回托盘内，保持刚拿起时的平顺整齐，以便下一个儿童练习。

11. 教师邀请儿童自己练习。

12. 当儿童操作完时，教师向儿童示范如何将教具送回教具柜。

图④的折法：

1. 教师示范取教具的方法。教师面对托盘，微微欠身，双手握住托盘两边，每只手都是四指在下、拇指在上，手臂朝腋下靠近，小臂弯成直角，水平地端着托盘，到指定位置轻轻放下。教师指导儿童独立取来教具并放在桌上靠近儿童的地方。

2. 教师左手拇指和食指捏住布的左中间部分，右手拇指和食指捏住布的右中间部分，取出第四块布。教师将取出的布放在左手上，用右手轻压着，拿到桌子或工作毯中央。

3. 教师可提示儿童自由折成自己想折的样子。

4. 教师指导儿童将折好的布放回托盘内，保持刚拿起时的平顺整齐，以便下一个儿童练习。

5. 当儿童操作完时，教师向儿童示范如何将教具送回教具柜。

对角线的折法

图⑤的折法：

1. 教师示范取教具的方法。教师面对托盘，微微欠身，双手握住托盘两边，每只手都是四指在下、拇指在上，手臂朝腋下靠近，小臂弯成直角，水平地端着托盘，到指定位置轻轻放下。教师指导儿童独立取来教具放在桌子靠近儿童的地方。

2. 教师左手拇指和食指捏布的左中间部分，右手拇指和食指捏布的右中间部分，取出第五块布。教师将取出的布放在左手上，用右手轻压着，拿到工作毯或者桌面中央。

3. 教师用左手三指轻压左边，右手掌脊轻轻地划过折线，将布轻轻抚平。

4. 教师用左手按住左侧布角，右手双指从左至右触摸错误控制线。教师用右手捏起靠近自己身体的布的一角，向上倾斜折叠，左手按压布的左侧边缘保持布固定不动。

5. 教师将布折叠至对称的一角，将两角对齐，并用右手沿着对角线将其抚平。

6. 教师邀请儿童按照示范的方法操作。

7. 教师指导儿童将折好的布放回托盘内，保持刚拿起时的平顺整齐，以便下一个儿童练习。

8. 当儿童操作完时，教师向儿童示范如何将教具送回教具柜。

错误控制：

1. 折叠不佳，布料的边缘没有对齐，角没有对正。

2. 布边歪斜，布面不平整。

年龄：

三岁左右。

活动变化与延伸：

1. 让儿童练习折叠其他物品，例如折毛巾、折手帕、折纸巾等，也可以折没有折线的布、毛巾被等。

2. 选择不同的布料，变换布料的颜色、形状、大小或者质地等。

3. 练习折叠各种衣服，例如练习折叠洋娃娃的衣服，练习为妈妈折一件"围裙"。

4. 让儿童练习手工折纸。由儿童自己构想简单的图案并描绘到纸上，做到自己折、自己剪。

5. 儿童进行其他各种折法的练习，例如使用色纸（最初用有折线记号的纸，再使用没有记号的）尝试各种基本的折法：长方形对折、正方形折成四分之一大、长方形的重复折、三角形的对折、三角形的四折，等等。

6. 美工：进行各种折纸、粘贴活动。运用对折的方法将纸制作成玩具。

示范点评

1. 折布是一项基础动作，实际生活中需要"折"的物品特别多。"折"这项操作练习及能力习得，有助于锻炼儿童的手眼协调能力，提高儿童的自理能力，培养儿童对几何图形的认识，同时该项技能迁移到日常生活中，如叠衣服、叠被子，从而为儿童社会发展和心智成熟奠定良好的基础。

2. 折叠练习的关键不在于布、纸等材料的材质，最重要的是整齐地将物品折好。

3. 教师需注意，把抚平的动作教给儿童即可。掌心、掌脊都可以用来做抚平的动作，但教师每次操作的方式要一致，班里所有教师的操作也要一致。

4. 教师在选材时需注意，用来折的布最好是棉布，因为棉布有一定的重量，而且比较平滑。选用的布颜色要素雅，不要有图案。

5. 教师需注意，布上的线最好是缝上去的，这样不易被清洗掉或者被涂抹下来。这给教师带来启示：所有的教具标识，务必规范、精致、有序，为儿童有序做事做物质准备。

6. 在儿童折布的过程中，教师要注意观察儿童是否折得整齐，教会儿童区别正反的方法，例如做标记等，以保证折布的效果，放置的位置也要固定。这个过程也是教给儿童检验的方法，能够提高儿童探究的能力。

7. 这项操作练习有助于发展儿童有序做事情的能力，通过折叠感知把原有的物体由大变小，并可以不断改变其形状。

9　全手抓豆子

教具构成：

托盘一个，大盘两个，豆子几把。

直接目的：

1. 让儿童学习如何全手抓豆子。

2. 发展儿童五指抓的能力。

3. 发展儿童的手眼协调能力。

4. 锻炼儿童手部的肌肉，增强儿童手指的灵活性。

间接目的：

1. 发展儿童用手移动物品的能力。

2. 发展儿童的专注力。

示范过程：

1. 教师按照上述要求准备教具。

2. 教师邀请儿童："今天我要带你操作一项新的教具，名称是'全手抓豆子'。"

3. 教师请儿童独立取教具到桌面上，将盛豆子的碗放在左边，空碗放在右边。

4. 教师伸出右手五指，慢慢地移向左碗中，保持五指抓的动作并从左边的大盘里抓起一把豆子，并说"抓、抓、抓"，此时五指合拢，手臂放直，将豆子握在手心中，慢慢地将豆子平移至另一个盘内。教师指导儿童观察手平移至盘的正上方，眼看右盘，并说"空的、空的、空的"，轻轻地将全手张开，使豆子全部散落至空盘内。教师张开右手，请儿童观察手指张开的状态，并确定手中没有豆子残留，再将手伸入左盘重复上述过程。

5. 教师示意儿童："请你先认真看老师的动作。"之后，教师伸开右手示范五指抓的动作，示范三次。

6. 教师左手扶碗，右手用五指将豆子从左边的碗抓到右边的碗里，如果有掉到碗外的豆子则用两指捏进碗中。反复几次后，若儿童主动要求做，可请他试一试，也可将左碗中的豆子全部抓完之后再请儿童自己做。

7. 当碗中剩的豆子比较少时，教师可将其捏进右边的碗中。

8. 教师操作完后，邀请儿童按照示范的方法操作。

9. 儿童操作完成后，教师提示儿童整理教具，起立并放好椅子，再将教具放回教具柜。若在工作毯上操作，练习结束后则要收好工作毯。

错误控制：

1. 豆子掉落在托盘上。

2. 手指没有抓紧，没有使用全手。

3. 发出很大的声音。

年龄：

三岁以上。

活动变化与延伸：

1. 换成不同大小、形状的碗。

2. 可根据五指抓的情况，将豆子换成其他谷物或者其他物品，例如小米、绿豆等，逐步加大难度。

3. 设计儿童分类抓物品的练习。

4. 用小盒装豆子，引导儿童分抓到多个碗中。

示范点评

1. 蒙台梭利认为："儿童运动的最初迹象是努力去抓握或拿起东西"。最初的抓握或拿起动作是无意识的，后来变成有意识的。全手抓豆子的工作就是一项全型的、能够训练儿童手的抓握能力的工作，可增强儿童的手眼协调能力，帮助儿童进行生活中类似的活动。

2. 教师需注意，工作用的豆子需要教师事先尝试，再决定选用豆子的种类。

3. 盛豆子的容器不宜过大，豆子的数量不宜过多，以免儿童因工作强度过大、时间过长而失去耐心。教师示范时要尽量不让豆子撒落碗外。

4. 教师抓豆子时左手扶碗，右手抓豆，抓的动作要缓慢、规范、准确。这项操作练习的目的是协助儿童在对动作追求"精密""正确""顺序"的敏感期内，通过对实际生活中所需要掌握的动作分解，使儿童自我服务、照顾环境的能力增强。

5. 教师需注意，有豆子掉落的情况，可示范如何用拇指、食指捏的方式将豆子一颗颗捡起来，放入盘内。

6. 这项操作练习锻炼儿童的触觉，使其感受不同物体在手心中的感觉。

7. 这项操作练习通过左右调换位置可培养儿童逆向转换的思维能力。

8. 这项操作练习使儿童了解物体的固有特征,感知量的守恒概念。

10　抓核桃

教具构成:

托盘一个,核桃数个,两个相同的碗,一个碗内装核桃,一个是空碗。

直接目的:

1. 让儿童学习如何抓核桃。

2. 发展儿童三指抓的能力。

3. 提高儿童的手眼协调能力。

间接目的:

1. 发展儿童的专注力。

2. 练习五指抓物体的动作能力,为培养儿童读、写、算的能力奠定基础。

3. 培养儿童读、写、算的能力。

示范过程:

1. 教师按照上述要求准备教具。

2. 教师邀请儿童:"今天我要带你操作一项新的教具,名称是'抓核桃'。"

3. 教师请儿童独立取教具到桌面上。

4. 教师伸出右手的三根手指,用食指和中指捏住核桃的后部,大拇指捏住核桃的前部,通过三指抓的姿势从左边的碗里轻轻地取出一个核桃,然后慢慢地将手移至另外一只木碗的上方，让儿童观察到右手在空木碗的正上方，并说"空的、空的、空的"，同时，将核桃轻轻地放入另一个木碗内。不要发出声音，并让儿童观察三指张开的状态。

5. 教师重复以上动作，直至将左边碗里的核桃都转移到右边碗内。

6. 教师用同样的方法将右边碗内的核桃转移到左边碗内。

7. 教师邀请儿童按照示范的方法操作。

8. 练习结束后，教师指导儿童将所有教具归位。

错误控制：

1. 物体从手中滑落。

2. 发出很大的声音。

年龄：

三岁以上。

活动变化与延伸：

1. 改变内容物，例如锻炼儿童抓乒乓球、弹力球和橄榄等类似物品。

2. 改变容器，例如使用碟子、盘子等。

3. 一一对应分类抓。

示范点评

1. 三指抓的动作看似简单，其实是完成一系列复杂活动的综合能力的体现。三指抓的动作由大脑发出信号，传到中枢神经系统，再由中枢神经系统控制手部肌肉与骨骼的动作，最后由手指做这个动作。同时需要眼睛的调节，达到手眼协调。由此可见，一个简单的动作，需要儿童的大脑、神经系统、肌肉、感觉器官等的综合参与。

2. 抓核桃的练习目的在于增强儿童手眼协调能力，培养儿童用三指抓物的能力。三指抓在五指抓的基础上更进一步，对儿童的精细动作提出了更高的要求，因此，需要教师给予儿童更多的关注和指导。三指抓在实际生活中经常用到，是一个常见的动作，教师应加以重视。

3. 教师需注意，应选择安全的教具，选择大小、重量适合儿童抓的物品。

4. 教师需注意，三指抓的练习只能设计为一次抓一个。

5. 这项操作练习有利于培养儿童的专注力和独立性，并让儿童养成合理、有序、安静放置物品的习惯。

6. 教师需注意，当儿童无法完成三指抓的练习时，教师要引导儿童继续做五指抓的练习，锻炼儿童在五指抓的基础上，逐步完善三指抓的动作。

11 按图钉

教具构成：

托盘一个，软木塞（或泡沫板）一块，图钉十个（放在小盒中，数量固定，以防丢失伤人）。

直接目的：

1. 让儿童学习如何按图钉。

2. 精确儿童用拇指的动作。

3. 增强儿童的手眼协调能力。

间接目的：

1. 发展儿童的专注力。

2. 增强儿童的独立性。

3. 培养儿童的秩序感。

示范过程：

1. 教师按照上述要求准备教具。

2. 教师邀请儿童："今天我要带你操作一项新的教具，名称是'按图钉'。"

3. 教师引导儿童取教具并置于工作毯或者桌面上，教师坐在儿童的右侧。

4. 教师左手扶住盒身，右手放在盒盖处，稍稍用力拧动盒盖，直至盒盖打开。用右手从盒内轻轻地取出一枚图钉，以三指捏的方式将图钉缓缓地移至软木塞的上方。

5. 教师可请儿童注意图钉的个数，并用语言提示儿童："请你来数一数托盘里有多少个图钉。"以此提示儿童记住图钉的数量。

6. 教师用左手扶住软木塞或泡沫板，右手拇指、食指和中指捏住图钉上部取一个图钉（提醒儿童避开图钉尖头，防止手被扎到），把图钉尖部对着木塞，用拇指按住其球面，对准木塞后垂直按下。

7. 教师重复上述操作，将图钉依次按入软木塞或泡沫板上后，再一一取下。

8. 教师邀请儿童按照示范的方法操作。

9. 当儿童完成练习后，教师提示儿童将图钉全部取下并放入盒内（图钉用完后教师一定要注意清查数量并收好，不要遗落在地上，以防儿童脚踩后受伤）。教师盖好盒盖，将教具放入托盘后归于原处。

错误控制：

1. 图钉没有按入指定的标记处。

2. 在泡沫板上用彩色画的小圆圈。

3. 图钉从手中滑落。

4. 捏住图钉尖头。

5. 遗落图钉。

年龄：

三岁以上。

活动变化与延伸：

1. 儿童在按的过程中进行分类、排序练习。

2. 教学延伸

数学：引导儿童进行数学加减法的运算练习。

美术：将彩色图钉按在厚纸上，构成图案。

3. 儿童练习按压其他物品，例如订书机、打孔机、橡皮泥等。

示范点评

1. 在实际生活中，有关"按"的动作特别多，按图钉练习对于发展儿童的手眼协调能力和精细动作有着重要的影响。这项操作练习有助于培养儿童的发散思维能力，能够运用不同的物体和方法进行构图创作。

2. 教师需注意，示范的动作要清晰、缓慢，以便儿童观察和学习。教师之所以分解动作，一方面是因为学前期的儿童对复杂的动作尚不能得心应手，因此必须分析出活动的各项要素，有顺序地引导他们；另一方面是因为被分解的有秩序的动作更优雅，容易让儿童产生兴趣。

3. 教师需注意，若在纸板上按图钉，要选择有一定厚度的纸板，避免刺伤手指或划破桌面。教师要提示儿童注意安全使用图钉，若图钉按得太深，教师可以帮助拔下。

4. 练习结束后，教师一定要注意检查图钉的数量，避免丢失后刺伤儿童。

5. 教师可以渗透点数、计算的数学知识，为儿童学习数学打好基础。

6. 这项操作练习有利于帮助儿童在按入、拔下图钉的过程中体会到独立完成工作的成就感。如果能让"按"的工作与处于敏感期的儿童要求相吻合，让儿童学会"正确""精密""秩序"的动作，并让这些动作适合儿童的发展水平，刺激儿童内在生命潜能的爆发，那么孩子将会兴趣盎然地做每件事，并在做的过程中实现动作与意志的愈加统一、动作愈加迅速。

12 配对

教具构成：

托盘一个，盛水果的小碗一个（内有四组不同的水果模具），相同的小碟四个。

直接目的：

1. 让儿童学习如何进行配对。

2. 培养儿童手部动作控制能力。

间接目的：

1. 培养儿童的秩序感和观察力。

2. 为儿童学习数字与量的对应关系作铺垫。

3. 儿童学习数字与量的对应关系。

示范过程：

1. 教师按照上述要求准备教具。

2. 教师邀请儿童："今天我要带你操作一项新的教具，名称是'配对'。"

3. 教师伸出右手，掌心在上，指向教具，向儿童介绍教具名称，请儿童坐在教师左侧。

4. 教师伸出右手，用右手拇指和食指捏住水果模具的上方，大拇指捏住水果模具的下方，轻轻地将其移至小碟内，不要发出声音。

5. 教师用眼睛观察左碗中与第一个水果相同的模具，用右手以三指捏的方式将其轻轻地移至放置相同水果的小碟内。

6. 教师继续将第二种水果从左碗中轻轻地取出，移至第二个小碟上方，放入小碟中，并将与之相同的水果模具放置在同一个小碟内。

7. 教师重复上述操作，直至将四组水果全部配对成功。

8. 教师邀请儿童按照示范的方法操作。

9. 练习完成后，教师指导儿童将所有教具归位。

错误控制：

1. 配对错误，同类水果没有放进同一个小碟内。

2. 在运送过程中水果模具掉落。

3. 发出很大声音。

年龄：

两岁半以上。

活动变化与延伸：

1. 儿童可以将实际生活中成对的物品分开，再进行相应的配对练习。

2. 儿童可采用不同大小、形状的容器进行归类和配对的练习。

3. 改变小碟的数量。

4. 改变水果模具的组数。

示范点评

1. 在蒙台梭利教室环境中，教师可以引导儿童做一些简单的配对工作。这些简单的配对工作，会让儿童充满兴趣，激发其求知欲。配对工作容易在短时间内取得成功，帮助儿童建立自信心，增强其成就感。

2. 教师在准备教具时，需注意水果模具的组数要和小碟的数量保持一致。这项操作练习可培养儿童同种类物品的对应能力。

3. 在向儿童示范时，教师要按照一定的顺序进行。

4. 儿童通过操作种类、大小、颜色各异的水果教具，体会归类和配对成功的成就感，有助于增强自信心。

5. 这项操作练习有助于儿童了解水果模具和容器之间的变化和关系。

6. 这项操作练习有助于培养儿童数学思维，结合儿童思维发展的特点，由直觉思维到具体形象思维再到抽象逻辑思维不断发展。针对不同年龄水平的儿童，适当地提供难易程度不同的配对材料。

13 倒谷物：壶到壶

教具构成：

托盘一个，装谷物的相同的两只小壶，绿豆若干。

直接目的：

1. 让儿童学习如何从壶到壶倒谷物。

2. 发展儿童手部小肌肉的灵活性和控制力。

间接目的：

1. 发展儿童的专注力。

2. 锻炼儿童的手眼协调能力。

3. 培养儿童的思维能力，在反复的动作操作中，发现数量的关系，以及培养数与量的单位概念，为数学教具的学习作铺垫。

示范过程：

1. 教师按照上述要求准备教具。

2. 教师邀请儿童："今天我要带你操作一项新的教具，名称是'倒谷物：壶到壶'。"

3. 教师带领儿童走到教具柜前，示范如何取教具，请儿童独立取教具并放到桌面上。

4. 教师伸出右手，用右手手指轻轻地拍一下桌面的中间位置，示意儿童把托盘放到桌子中间。

5. 教师伸出左手三指，身体微微前倾，将左手的食指、中指轻轻伸入壶柄，将大拇指放在壶柄上方，做出三指抓的动作。

6. 教师将右手三指伸出，放在壶嘴下方，轻轻地扶住壶底，做出承托的动作。

7. 教师双手保持水平，双手配合轻轻地把壶提起，移动到另一只壶的上方，教师指导儿童观察盛满谷物的壶是不是在空壶的上方。

8. 教师对准另一只壶，将左手轻轻地抬起，向右倾斜，身体随左手的变化向右微倾，右手放在壶嘴下方，将壶嘴承托住，左手慢慢向上倾斜角度，向空壶中倾倒谷物。倒谷物时双手配合，不要抖动，不要随便移动位置，保证谷物顺利地倒入另一只壶中。壶要保持悬空，不要碰到壶壁和发出声音。

9. 教师倒完之后，将左手慢慢地向左倾斜直至恢复水平，身体和壶体随左手的变化回到原来的位置，双手将壶托起至胸前，并请儿童观察手中的壶并说"空的、空的、空的"，确定壶已倒空后，以水平的动作轻轻地将壶放回托盘。

10. 教师检查桌面没有物品，把壶嘴稍微倾斜，使右边的壶底先接触托盘，然后将左边的壶底接触托盘，将壶完全放下。教师将左手慢慢地从壶柄中抽出，再将右手三指离开壶身，不要发出声音。

11. 教师用同样的方法，将豆子倒回第一只小壶。

12. 教师邀请儿童按照示范的方法操作。

13. 儿童操作完后，教师指导儿童将教具放回教具柜。

错误控制：

1. 物体溢出，谷物掉落在托盘中。

2. 发出很大的声音。

3. 打翻容器。

年龄：

三岁。

活动变化与延伸：

1. 让儿童用不同的容器进行倒的动作，例如杯子、小碗等。

2. 变换谷物的种类、数量等。

示范点评

1. 倒谷物练习的是儿童"倒"的动作，在儿童身边涉及"倒"的动作很多。通过锻炼儿童从壶到壶倒谷物，有利于儿童积累经验，在实际生活中进行其他类似的活动。

2. 第一次倒的练习通常是谷物，因为开始练习时可能会掉落，谷物比较容易捡起来，而且价格较低，容易购买，如若不小心被儿童吞食，通常不会造成不可逆的影响。

3. 教师需注意儿童安全，不要让儿童吞食谷物。

4. 谷物最好不要选择圆的，容易掉落出来，比较难捡。

5. 如果进行倒水的工作，教师要事先准备一块海绵。如果儿童不小心将水洒出来，教师可立即用海绵或指导儿童用海绵将洒出来的水吸干净。

6. 教师需注意，在倒谷物时，壶或者其他容器要悬空，杯口不要发生碰撞。

7. 教师需注意，在倒的过程中若有谷物掉落，要给儿童示范用拇指和食指以两指捏的方式把谷物一颗颗捡起来，分别放进容器中。

8. 这项操作练习能够培养儿童的可逆性思维。

9. 这项操作练习训练儿童感知物体的运动与量的守恒概念。

14 倒谷物：一对三

教具构成：

托盘一个，瓷壶一把，瓷杯三个。

直接目的：

1. 让儿童学习如何一对三地倒谷物。

2. 精确儿童倒的动作。

3. 培养儿童手的灵活性，增强儿童双手配合的能力。

间接目的：

1. 发展儿童的专注力。

2. 增强儿童肢体协调的能力。

3. 增强培养儿童的独立性。

4. 培养儿童的秩序感。

5. 培养儿童读、写、算的能力。

6. 增强儿童自信心。

示范过程：

1. 教师按照上述要求准备教具。

2. 教师邀请儿童："今天我要带你操作一项新的教具，名称是'倒谷物：一对三'。"

3. 教师将儿童带到教具柜前，介绍教具的名称，并示范正确取教具的方法。

4. 教师将教具放在桌面上，靠近儿童，保证儿童能够观察到示范动作。

5. 教师伸出左手，用左手食指和中指勾住壶把手，大拇指压在把手上，做出三指抓的动作。

6. 教师伸出右手两指，将食指和中指放在壶嘴下方，轻轻地扶住壶身，做出承托的动作。

7. 教师双手配合一起端起瓷壶，将壶移动到一个瓷杯的上方，稍作停顿后轻抬左手，将左手向上倾斜倾倒谷物，身体和右手随左手变化而适当倾斜。

8. 教师用同样的方法依次将谷物倒入其他两个瓷杯内。倒谷物时双手配合，不要抖动，不要随便移动位置，保证谷物顺利地倒入瓷杯中，壶要保持悬空，不要碰到杯壁和发出声音。

9. 教师倒完之后，将左手慢慢地向左倾斜直至恢复水平状态，身体和壶体随左手的变化回到原来的位置，双手将壶托起至胸前，并请儿童观察手中的壶并说"空的、空的、空的"，确定壶已倒空后，以水平的动作轻轻地将壶放回托盘。

10. 教师检查桌面没有杂物，将壶嘴稍微倾斜，使右侧的壶底先接触托盘，然后将左侧的壶底接触托盘，将壶放下。教师将左手慢慢地从壶柄中抽出，再将右手三指离开壶身，不要发出声音。

11. 教师伸出右手三指，用食指和中指捏住瓷杯一侧，大拇指捏住瓷杯的另一侧，以三指抓的动作轻轻地捏住瓷杯。

12. 教师双手配合，将瓷杯中的谷物倒回瓷壶。

13. 教师用同样的方法依次将另两个瓷杯中的谷物倒回瓷壶。

14. 教师邀请儿童按照示范的方法操作。

15. 儿童操作完后，教师示范将教具放回教具柜。

错误控制：

1. 物体溢出，谷物掉落在托盘中。

2. 发出很大的声音。

3. 打翻容器。

4. 一对三的对应出现错误，或没有将瓷壶中的谷物倒入三个瓷杯中，或没有将瓷杯中的全部谷物倒回瓷壶中。

年龄：

三岁以上。

活动变化与延伸：

1. 让儿童用不同种类的容器重复倒的动作，例如杯子、小碗等；增加或减少容器的数量，让儿童练习不同数量的对应。

2. 变换谷物的种类、数量等。

示范点评

1. 通过倒固体的动作，可以锻炼儿童的逻辑思维能力，并通过语言和动作的配合使儿童理解"倒"这个动词的含义及形式。通过该练习了解大豆的形状、名称和颜色，感受圆形物体的运动特点。其间，大豆和玻璃器皿碰撞产生的悦耳的声音会使儿童联想到音乐。

2. 教师需注意儿童安全，不要让儿童吞食谷物。

3. 倒谷物练习的是儿童"倒"的动作，在儿童身边涉及"倒"的动作很多。儿童通过训练一对三"倒谷物"，同时可增强儿童对数的对应的练习。

4. 通过反复进行"倒"的动作，发现量的守恒概念和可逆现象，也可发现数量的关系，进一步引导儿童初步感知数学中总体与部分的关系。

5. 这项操作练习有助于培养儿童的手眼协调能力，增强儿童的专注力和秩序感，帮助儿童养成有序放置物品的习惯。

15 倒水

教具构成：

托盘一个，透明小壶一个，玻璃杯一个，在壶中倒入约三分之二的水（有色的水更好），抹布或海绵一块。

直接目的：

1. 让儿童学习倾倒液体的方法。

2. 发展儿童手指和手腕的力量以及小肌肉群的灵活性。

间接目的：

1. 增强儿童的独立性。

2. 培养儿童的秩序感。

3. 初步理解量的守恒、部分与整体以及平均分配的概念。

示范过程：

1. 教师按照上述要求准备教具。

2. 教师邀请儿童："今天我要带你操作一项新的教具，名称是'倒水'。"

3. 教师请儿童一起将教具端到桌子上轻轻放下。

4. 教师请儿童坐在左侧的椅子上。教师将左手二指缓缓地伸入把手内，右手大拇指捏住壶把手的外侧，将壶轻轻地端起。

5. 教师轻轻地将壶口移向空杯子的上方中央，用左手把住壶的把手，右手轻轻托住壶的右下侧。壶与杯之间稍稍间隔开以免碰撞，将壶慢慢倾斜倒出里面的水，直至将杯子倒至八分满。

6. 教师左手用海绵从壶口外侧由下向上擦拭干净，并把空壶轻轻地放在桌子上，不要发出声音。

7. 教师将装了水的玻璃杯轻轻地移到托盘右侧。

8. 教师将空壶慢慢地放回托盘内。

9. 教师重复上述操作，再次倒水。

10. 倒完水后，教师取出教具以确定水是否从中溅出。如有水溅到托盘上，教师可用抹布轻轻地擦拭干净，然后将教具放回托盘，用抹布擦干桌面。

11. 教师邀请儿童按照示范的方法操作，适当给予儿童指导。

12. 儿童完成练习后，教师指导儿童按照规定的方法将教具放回教具柜。

错误控制：

1. 水从壶中溅出。

2. 壶壁与杯壁碰撞。

3. 发出很大声音。

年龄：

两岁以上。

活动变化与延伸：

1. 儿童可按一定的量倒水，并进行分杯倒水。

2. 儿童练习倒茶、倒牛奶、倒饮料、倒油等。

3. 儿童使用不同形状、不同大小的壶和杯子练习倒水。

示范点评

1. 倒水的练习在实际生活中重要且普遍，训练儿童倒水，有助于儿童学习"倒"的动作，培养儿童的手眼协调能力，锻炼儿童手部小肌肉的灵活控制能力。

2. 教师需注意，在进行示范时动作要标准，避免水从壶中流到杯子外面去。

3. 若不小心把玻璃用具打破，教师要示范正确的清理方法。

4. 这项操作练习有助于儿童了解水的流动特性以及可逆性操作原理，有助于了解量的守恒的概念。

5. 通过倒水的练习，儿童能够感受水的声音和水滴的节奏，以此作为音乐的启蒙。

6. 这项操作练习有助于儿童可逆性思维的培养。倒液体的工作，除可了解以上的概念以外，还可以了解固体和液体的区别。通过倒有色水发现颜色的变化过程，两种颜色的交融产生的变化使儿童对颜色产生更大的兴趣。倒入不同比重和颜色的液体，会使儿童发现比重的关系，培养对化学和物理的兴趣。儿童会不停地进行试验，通过记录了解物质的名称，从而喜爱并不断创造智性游戏。一个简单的倒的练习，如果教师了解它的真正内涵，可以挖掘儿童最大的潜力，从而达到更多的教育目的。

16 挤海绵

教具构成：

托盘一个，大容器一个，海绵一块，造型海绵一块，毛巾一条。

直接目的：

1. 让儿童学习如何挤海绵。

2. 精确儿童五指抓及挤的动作。

3. 让儿童知道海绵有吸水性。

间接目的：

1. 发展儿童的专注力。

2. 发展儿童手眼等肢体协调的能力。

3. 在反复操作的过程中渗透有关数学的概念。

示范过程：

1. 教师按照上述要求准备教具。

2. 教师邀请儿童："今天我要带你操作一项新的教具，名称是'挤海绵'。"

3. 教师请儿童独立取教具并放到桌面上。

4. 教师先将大容器内装满清水，双手配合托起装满水的大容器并以水平的动作轻轻地放回桌面的指定位置。双手拿起造型海绵，并将其左右翻转，保证儿童能够观察到。

5. 教师将造型海绵轻轻地放进大容器内，双手配合挤压海绵，使海绵充分地吸收水分，同时注意让儿童聆听海绵吸水的声音，观察海绵吸水前后的变化。

6. 待造型海绵完全吸收水分后，教师用双手将海绵从容器内取出，轻轻托到右手掌心并控水，不滴水时将海绵移至大容器的正上方，双手保持水平，悬空在大容器之上并做五指抓握的动作，并说"挤、挤、挤"，双手用力挤压海绵，直至将海绵里的水完全挤出。然后，教师将沥干的海绵轻轻地放回托盘的指定位置。

7. 教师双手拿起造型海绵，再将造型海绵轻轻地放入大容器内，重复上述操作。

8. 教师将造型海绵放回托盘，将大容器内的水倒入水池内。

9. 教师用小海绵将容器和托盘擦拭干净。

10. 教师用毛巾将手擦拭干净，然后把毛巾清洗晾晒，再拿一块干净的毛巾，放入托盘中，将全部教具归位。

错误控制：

1. 水从容器中溢出。

2. 发出很大的声音。

3. 打翻容器。

年龄：

三岁以上。

活动变化与延伸：

1. 让儿童使用不同造型和大小的海绵进行挤水工作。

2. 让儿童练习单手挤海绵，进一步锻炼儿童手部的控制能力。

3. 用大滴管或小滴管让儿童进行挤水工作。

4. 在水中掺入颜料以变换水的颜色，引起儿童挤水的兴趣。

5. 让儿童练习拧干毛巾或衣服。

示范点评

蒙台梭利认为，在我们的方法中，必须采用的第一步是唤起儿童，唤起他们的注意力，引起儿童的兴趣，激发他们内在的创造性。在挤海绵的操作练习中，教师可通过丰富的面部表情与多样化的肢体动作吸引儿童的注意力与兴趣。

1. 用海绵挤水是一项充满生活乐趣的练习，在这种充满生活乐趣的氛围中，可以训练儿童"挤"的动作，增强儿童手部肌肉的控制能力。

2. 教师在取水时要注意取水线的高度。

3. 教师需注意，对儿童挤水的动作做出指导，同时让儿童观察海绵吸水前后的变化。

4. 教师在海绵吸水的过程中，可以将耳朵靠近海绵，做倾听状，同时可以运用夸张的面部表情吸引儿童。

5. 教师需注意，有水的地方一定要用抹布擦拭干净，同时在水桶下面放置地垫，以保持工作环境的整洁。

6. 通过反复练习，使儿童了解量的守恒的概念，渗透有关数学统计的概念。

7. 这项操作练习有助于提高儿童动作的协调性，培养儿童有序工作、照顾周围环境的意识。

17 海绵转移水

教具构成：

托盘一个，大容器两个，海绵一块。

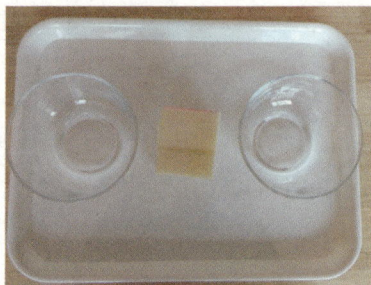

直接目的：

1. 让儿童学习如何用海绵转移水。

2. 加强儿童手部肌肉的训练。

3. 增强儿童的动作控制能力。

间接目的：

1. 发展儿童的专注力。

2. 发展儿童肢体协调的能力。

3. 增强儿童的独立性。

4. 培养儿童生活自理的能力。

5. 通过独立完成整个工作，培养儿童的自信心。

示范过程：

1. 教师按照上述要求准备教具。

2. 教师邀请儿童："今天我要带你操作一项新的教具，名称是'海绵转移水'。"

3. 教师请儿童独立取教具到桌面上。

4. 教师取出托盘左边的大容器，将大容器内装满清水，双手配合托起装满水的大容器，并以水平的动作轻轻地将其放回桌面的指定位置。

5. 教师双手拿起造型海绵，并将其左右翻转，保证儿童能够观察到。教师将造型海绵轻轻地放进大容器内，双手配合挤压海绵，使海绵充分地吸收水分，同时注意让儿童倾听海绵吸水的声音并观察海绵吸水前后的变化。

6. 待海绵完全吸满水分后，教师将海绵从大容器中取出，用双手将海绵平移至另一容器上方，双手配合挤压海绵，将海绵中的水挤入空的大容器中。

7. 待海绵的水完全挤干后，教师再将海绵移回左边容器内吸水，重复以上操作，直至将左边容器的水完全转移至右边容器内。在转移水的过程中，教师要观察儿童的反应，然后请儿童按照示范的方法练习。

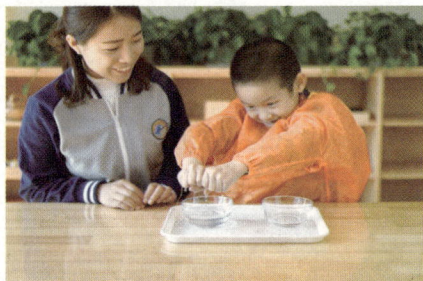

8. 教师用小海绵将托盘上洒落的水擦拭干净。

9. 教师用同样的方法将右边容器中的水转移到左边容器内，并清理托盘内的水分。

10. 教师用毛巾将手擦拭干净，将容器和海绵放回托盘原位，最后用双手水平端起托盘将其放回教具柜上。

错误控制：

1. 水大量洒落到托盘中或地上。

2. 发出很大的声音。

3. 打翻容器。

4. 挤水与吸水的顺序颠倒。

年龄：

三岁以上。

活动变化与延伸：

1. 让儿童使用不同造型和大小的海绵进行挤水工作。

2. 用一小块布代替海绵。

3. 让儿童练习单手挤海绵，锻炼儿童手部的控制能力。

4. 将海绵换成大滴管或小滴管让儿童进行挤水工作。

5. 加入色水以变换水的颜色，引起儿童挤水的兴趣。

示范点评

1. 用海绵转移水是一项充满生活乐趣的练习，在这种充满生活乐趣的氛围中，训练儿童"吸"和"挤"的动作，增强儿童手部肌肉的控制能力。

2. 教师需注意对儿童吸水与挤水动作做出指导，同时让儿童观察海绵吸水、挤水前后的变化。示范动作要清晰、缓慢，吸水器要直立在水中。

3. 教师需注意，挤压吸足水的海绵的力度应由小到大。

4. 教师在海绵吸水的过程中，可以将耳朵靠近海绵，做倾听状，同时可以运用夸张的面部表情吸引儿童。

5. 教师需注意，若有水滴在托盘上，应指导儿童用海绵把水吸干，以保持工作环境的整洁。

6. 通过这项操作练习，使儿童手、眼、脑协调活动，达到运动的精确性，使儿童养成有序工作、照顾周围环境的意识。

18 使用大滴管

教具构成：

托盘一个，塑料杯一个，小碟一个，海绵一块，大滴管一支，盛放滴水的容器一个。

直接目的：

1. 让儿童学习如何使用大滴管。

2. 发展儿童手眼的协调能力。

3. 锻炼儿童手部的肌肉，增强手的灵活性。

间接目的：

1. 发展儿童的专注力。

2. 培养儿童的观察力。

3. 发展儿童肢体协调的能力。

4. 培养儿童的独立性。

5. 通过独立完成整个工作，增强儿童的自信心。

示范过程：

1. 教师按照上述要求准备教具。

2. 教师邀请儿童："今天我要带你操作一项新的教具，名称是'使用大滴管'。"

3. 教师请儿童独立取教具并放到桌面上。

4. 教师用双手轻轻地握住滴管上端的橡胶部分，拿起滴管，然后将其缓缓放至左边盛有水的容器内，双手同时用力挤压滴管，观察水中冒出的气泡，随后缓缓将手松开，指导儿童观察滴管内的水位。

5. 待滴管内的水注满后，教师用右手慢慢地将滴管拿起，用右手食指和中指捏住滴管的前端，大拇指捏住滴管的后端，待多余的水珠沥干，确保滴管不再滴水后，将滴管缓缓地转移到右边的容器内，将滴管悬空在塑料杯上方。

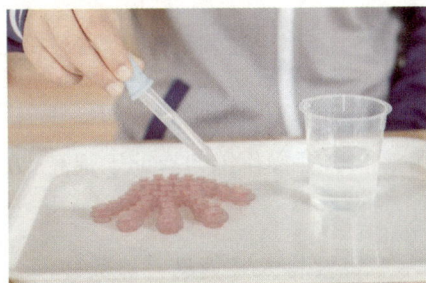

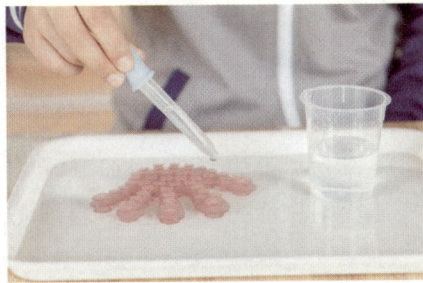

6. 教师双手配合用力挤滴管上的橡胶，使滴管内的水完全挤出。

7. 教师重复以上操作直至左边容器内的水被完全吸干。

8. 教师轻轻地将滴管放回原位，用海绵将左边容器内残余的水完全擦干并清理托盘内的水。

9. 教师用同样的方法将右边容器内的水转移到左边容器内。

10. 教师将容器内的水倒掉，用海绵将容器擦拭干净。

11. 在转移水的过程中，教师要注意观察儿童的反应，并邀请儿童按照示范的方法操作。

12. 儿童操作完后，教师给儿童示范将装教具的托盘放回教具柜。

错误控制：

水滴落在托盘上。

年龄：

三岁以上。

活动变化与延伸：

1. 让儿童使用不同大小、不同容积的滴管，也可使用与滴管功能相仿的其他器具，例如空眼药水瓶等。

2. 更换容器，例如用碗、水杯、盘子等。

3. 在水中掺入颜料以变换水的颜色，引起儿童的兴趣。

4. 让儿童练习滴眼药水、挤牙膏、拧毛巾等。

示范点评

1. 使用大滴管的练习体现在实际生活中的很多方面，例如延伸活动中的滴眼药水、挤牙膏和拧毛巾等。这项操作练习有助于提高儿童对生活的适应能力和自理能力。

2. 教师需注意，将大滴管吸完水后，要将大滴管悬空停数秒，以确保移动过程中不会有水滴落。

3. 教师需注意，可以在容器内的水中加入色素，通过用带有颜色的水进行练习，以便儿童更为直观地观察大滴管将水吸入的过程，同时增强趣味性，使儿童有热情、有兴趣地投入到操作练习中去。

4. 教师需注意，在用大滴管取水的过程中，如果有水滴在托盘上，应指导儿童用海绵把水滴吸干，以保证工作环境的整洁。

5. 这项操作练习有助于培养儿童的专注力和独立性。

19　舀弹珠

教具构成：

托盘一个，相同大碗两个（左边碗中放玻璃弹珠），汤勺一把。

直接目的：

1. 让儿童学习如何舀弹珠及如何使用勺子。

2. 精确儿童三指抓及舀的能力。

3. 发展儿童的手眼协调能力。

间接目的：

1. 培养儿童工作的独立性及做事有始有终的态度。

2. 通过舀弹珠中的"数数"等培养儿童的逻辑思维能力和秩序感。

示范过程：

1. 教师按照上述要求准备教具。

2. 教师邀请儿童："今天我要带你操作一项新的教具，名称是'舀弹珠'。"

3. 教师邀请儿童一起将托盘端到桌子上轻轻放下。

4. 教师身体稍微前倾，左手四指并拢，与大拇指分开放在碗壁上，扶住左碗，用右手拿起汤勺，食指和中指放在勺柄的下面，大拇指放在勺柄的上面，握住勺柄的中间偏上部分，通过三指抓握的动作慢慢地从左边的

碗里舀出一粒弹珠，保持角度不变，轻轻地提起来。

5. 教师用右手将盛有弹珠的勺子缓缓地移至右碗中央的上方，将勺子微微倾斜，将弹珠轻轻地倒入碗内。在移动过程中，教师的右手臂向腋下靠近，小臂弯成直角，教师的右手不要抖动，不要发出声音。

6. 若左碗中的弹珠剩下的不好舀时，教师可用左手握住碗边，使碗稍微倾斜，再用勺子舀起，轻轻地放入右碗中。

7. 教师用同样的方法重复以上操作直至左边的弹珠全被舀出。

8. 教师将右边碗里的弹珠舀回左边的碗内。

9. 教师邀请儿童用示范的方法操作。

10. 儿童操作完，教师加以示范，儿童将教具放回教具柜。

错误控制：

1. 弹珠掉落在托盘上。

2. 发出很大声音。

年龄：

三岁以上。

活动变化与延伸：

1. 让儿童使用大小、材质不同的汤勺进行练习。

2. 让儿童练习舀豆子或者舀水。

3. 让儿童练习将一个容器内的物品分舀在二至三个碗内。

4. 在舀的基础上，让儿童练习筛物品。

示范点评

1. 会使用勺子是儿童可以独立就餐的前提，除了练习照顾自己、学会生存的本领以外，使用勺子的动作对于儿童智力发展也起着至关重要的作用。首先，使用勺子可以训练儿童三指抓的动作和手眼协调运动的能力；其次，通过舀不同重量、不同状态（如固体和液体）的物体锻炼手部力量和平衡的能力，可为儿童掌握握笔的姿势和书写起到协助作用；再次，整个过程可以达到和"倒"的练习一样的功效，能将两者之间建立概念迁移关系，所以要求教师充分理解和掌握引导方法。

2. 在实际生活练习中，舀物品的动作非常多，儿童在练习自己吃饭时也是从使用勺子开始的。因此，儿童"舀"的动作的练习对其精细动作的发展、自理能力的提高具有重要的意义。

3. 教师需注意，勺子及舀物的选择都需要教师事先多次尝试，以选择出最适合儿童练习的工具，以便儿童顺利完成。

4. 教师需注意，舀物的数量也要适当，不宜太多，以免儿童失去耐心。

5. 教师需注意，在舀弹珠的过程中，如果有弹珠散落，要加以示范，用拇指和食指捏的方式把弹珠捡起来，放进容器中。

6. 这项操作练习有助于提高儿童的专注力，培养儿童的逻辑思维和秩序感。

20 舀（粉状物）：移色沙

教具构成：

托盘一个，装色沙的容器一个，准备移入用的容器一个，汤匙一把。

直接目的：

1. 让儿童学习粉状物的正确移倒法。

2. 使儿童了解沙子的基本特征。

间接目的：

1. 培养儿童动作的顺序性。

2. 培养儿童手指肌肉移动的灵活性。

3. 增强儿童成就感的体验。

4. 培养儿童的专注力。

示范过程：

1. 教师按照上述要求准备教具。

2. 教师邀请儿童："今天我要带你操作一项新的教具，名称是'舀粉状物：移色沙'。"

3. 教师指导儿童从教具柜上将教具搬到桌子上，托盘右侧放装色沙的容器。

4. 教师用右手轻轻地拿起汤匙，将色沙平平地舀起（注意不要舀得太满，以免撒落），保持角度不变后轻轻地提起来。

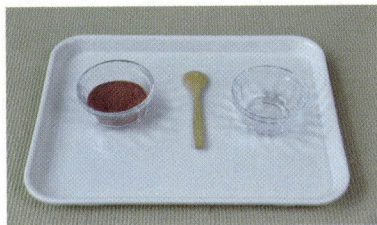

5. 教师将盛色沙的汤匙缓缓平移至空容器的中央上方，再将汤匙里的色沙倾倒下去。

6. 教师需注意，容器中的色沙剩得比较少时，会愈加难舀，教师可用左手托住容器，将容器稍微倾斜，将色沙从容器中舀起。

7. 待色沙全部舀完，教师向儿童展示空容器，示意色沙已全部移入另一容器中。教师将两个容器都放在桌子上，汤匙放在托盘内。

8. 教师将装色沙的容器放在托盘右侧，空容器放在托盘左侧，不要发出声音。

9. 教师邀请儿童用示范的方法操作。

10. 教师指导儿童，如果色沙落到桌子上、盘中，可用小刷子扫干净后倒入容器内。

11. 儿童完成练习后，教师指导儿童清理桌面和教具，并整理所有教具放回原位。

错误控制：

1. 色沙散落在桌子上或地上。

2. 汤匙内一次舀起过多的色沙。

3. 发出很大声音。

年龄：

两岁半以上。

活动变化与延伸：

1. 儿童可练习舀土、石子等，或面粉等其他粉状物。

2. 儿童可用不同大小、不同形状的碗或勺子进行类似的练习。

3. 教学延伸

数学：记录每次将色沙从一个碗移到另一个碗需多少勺。

美工：画砂画。

示范点评

1. "舀"是儿童实际生活中经常用到的动作。通过舀粉状物的练习，儿童可以学习用汤匙舀起与倾倒的方法，在趣味性的活动过程中体会独立完成工作的成就感，从而提高儿童的自信心。

2. 教师可以不移动容器的位置，用茶匙将左侧容器内的色沙移到右侧的容器内。

3. 教师需注意，在备用区为儿童准备小毛刷和镊子。同时，在向儿童示范时，动作要缓慢、准确，以防色沙掉落。

4. 这项操作练习可培养儿童专注做事的能力，发展儿童的秩序感。

5. 当儿童每一次操作后，会变得专注于他的工作，感觉不到任何外在刺激。更为欣喜的是，伴随着儿童专注的是双手愈加熟练的、有节奏的运动，儿童因此充满活力，这正是"重复练习"带给儿童的成就感。

21　筛沙子

教具构成：

托盘一个，相同的碗两个，左边碗内盛有沙子，漏勺一个，刷子一把，勺子一把。

直接目的：

1. 让儿童学习如何筛沙子。

2. 精确儿童筛的能力。

3. 增强儿童手部动作的控制能力。

间接目的：

1. 发展儿童的专注力。

2. 发展儿童肢体协调的能力。

3. 培养儿童自主工作的独立性及有始有终的工作态度。

4. 培养儿童读、写、算的能力。

示范过程：

1. 教师按照上述要求准备教具。

2. 教师邀请儿童："今天我要带你操作一项新的教具，名称是'筛沙子'。"

3. 教师指导儿童从教具柜上将教具搬到桌面上。

4. 教师伸出右手，用食指和中指捏住勺子的下方，大拇指捏住勺子上方，用三指捏的动作拿起勺子。教师用左手拿起漏勺，将拿着漏勺的左手悬空置于右碗正上方。教师微微欠身，保证儿童能够观察到。

5. 教师使用勺子从左碗中舀起若干沙子，缓缓地倒入漏勺内，然后轻轻地摇晃漏勺，让细沙落入右碗中，剩余的粗沙子倒回左碗中，不要发出很大声音。

6. 教师重复同样的操作直至将左边碗内的细沙都转移到右边大碗内。

7. 教师双手配合将托盘内的所有物品移出托盘，用右手三指拿起小刷子，并用小刷子按照从上至下、从左至右的顺序将散落的沙子清扫一遍，并将沙子堆积至角落。

8. 教师使用勺子将角落里的沙子轻轻舀出，倒入碗内。

9. 教师用左手握住托盘的左侧把手，将托盘轻轻地拿起并微微倾斜，将碗放置在托盘右下方以便于接住沙子，右手三指拿起小刷子，用小刷子将托盘角落里的沙子刷到碗里。

10. 教师将所有的物品依次放回托盘。

11. 教师邀请儿童用示范的方法操作。

错误控制：

1. 沙子散落在托盘中。

2. 发出很大声音。

年龄：

三岁以上。

活动变化与延伸：

1. 让儿童练习筛面粉、水中捞物等。

2. 让儿童尝试做蛋糕、饼干等。

示范点评

　　三岁左右的儿童已经开始学会把精力集中在一项活动上，并按顺序从头至尾地做一件事情。儿童完成筛沙子等实际生活练习，会在获得特定技能的同时，形成一些意愿及兴趣，同时能够培养儿童思维的发展。

　　1. 筛沙子的工作在生活中经常可以看到，例如建筑工地上的工人筛沙子、妈妈筛面粉等活动都与筛沙子拥有同样的原理。筛沙子在舀物品的基础上，进一步训练儿童的手部控制能力和灵活性，儿童可以在"舀"和"筛"的过程中体会生活的趣味以及完成工作的成就感。

　　2. 教师需注意，漏勺和勺子不宜过大，否则儿童不好控制。如果教具过大，会导致掉落在托盘和桌上的沙子过多，加重儿童的清理工作。

　　3. 教师在选择刷子时，要注意刷子不宜过大或过小，否则不方便儿童清扫沙子。

4. 教师需注意，物品要干燥、清洁，同时注意配置的干物要颜色分明。

5. 这项操作练习有助于培养儿童照顾环境的意识，获得独立完成工作的自信心；有助于培养儿童细致、爱整洁、耐心的生活习惯。

22 夹衣夹

教具构成：

托盘一个，盛放衣夹的小碗一个，衣夹若干，布一块。

直接目的：

1. 指导儿童学习如何夹东西。

2. 精确儿童三指抓及夹的动作，锻炼儿童手捏的动作。

3. 提高儿童手眼协调的能力。

间接目的：

1. 发展儿童的专注力。

2. 通过三指抓及夹的动作，发展儿童的协调能力。

3. 培养儿童的独立性。

4. 培养儿童的秩序感。

5. 为培养儿童读、写、算的能力发展奠定基础。

示范过程：

1. 教师按照上述要求准备教具。

2. 教师邀请儿童："今天我要带你操作一项新的教具，名称是'夹衣夹'。"

3. 教师指导儿童从教具架上取教具置于桌面。

4. 教师伸出右手，用右手拇指、食指和中指拿起一只夹子，用左手上下抚摸夹子。

5. 教师向儿童示范夹的动作三次：将右臂微微抬起，小臂弯成直角，用右手三指用力打开夹子，然后再轻轻合上，并说"夹、夹、夹"。

6. 教师将左手四指并拢并放在道具的下方，大拇指放在道具的上方并轻轻抬起布的一边，用右手拿起一个夹子，将其移动到布的边缘附近，捏紧并用力打开衣夹，对准要夹的部位，将夹子夹到布的边缘。

7. 教师重复以上操作，直到所有的夹子都被夹到布的边缘。

8. 教师用左手抬起布一侧的边缘，将右手放置在布的边缘附近，用右手三指把所有的夹子打开，并将夹子依次取下来，放回小碗中。

9. 教师邀请儿童用示范的方法操作。

10. 儿童操作完，教师向儿童示范将所有物品放入托盘并放回教具柜。

错误控制：

1. 用力不均，夹不到物品或夹得不整齐。

2. 布未夹紧，中间掉落。

3. 发出声音，打翻容器。

年龄：

三岁以上。

活动变化与延伸：

1. 变换不同种类、不同大小、不同造型和不同松紧的夹子。

2. 让儿童练习分类夹、排序夹。

3. 让儿童练习夹纸张、夹衣服、夹袜子等。

4.教学延伸

数学：制作写有数字的卡片，请儿童将夹子排好序后对应数字夹，进行夹子的统计、分类计算等。

语文：请儿童认、读、写有夹子颜色名称的文字卡，并夹上相对应的夹子。

示范点评

蒙台梭利认为，如果能让实际生活练习的一切活动与处于敏感期的儿童要求相吻合，让儿童学会"正确""精密""有顺序"的动作并让这些动作适合儿童的发展水平，从而刺激儿童内在生命潜能的爆发，那么儿童在做的过程中动作与意志会愈加统一。

1. 在儿童拿取和使用衣夹的过程中，教师要注意提醒儿童不要夹到自己的手，保证儿童的安全。

2. 教师在选择夹子时需注意，夹子先选取易打开的，太紧或太大的都不利于三指力度尚小的儿童取得成功。

3. 在夹衣夹的练习过程中，教师要随时注意衣夹有无破损，要经常维修和更换。

4. 教师需注意随时检查衣夹数量是否缺少。

5. 这项操作练习培养儿童根据物体的不同特征进行分类、排序、对应的能力。

6. 夹衣夹是儿童在实际生活中经常用到的，通过练习夹衣夹，可以锻炼儿童的手眼协调能力和手部动作的控制能力。通过有序、专注的操作，体验成功的快乐。

23 用筷子夹食物

教具构成:

筷子一双,放筷子的器具一个,托盘一个,相同的碗两个（左边的碗中盛有蝴蝶面,右边的碗是空的）。

直接目的:

1. 让儿童学习用筷子夹食物。

2. 精确儿童三指抓及夹的动作。

3. 提高儿童手眼协调的能力。

间接目的:

1. 培养儿童手眼协调能力及对应的观察力。

2. 使儿童学会使用筷子等生活用具,为独立生活做准备。

示范过程:

1. 教师按照上述要求准备教具。

2. 教师邀请儿童:"今天我要带你操作一项新的教具,名称是'用筷子夹食物'。"

3. 教师指导儿童从教具架上将教具放到桌子上。

4. 教师伸出右手,先用左手拿起一根筷子并将其放在右手三指上,再将另一根放上去,用右手握住筷子的上端。用右手的食指和中指夹住一根筷子,另一根筷子放在中指和无名指之间,上部放在拇指根部,通过拇指前部与中指和食指协调动作。

5. 教师向儿童呈现一张一合的动作，并重复说"开""关"三次。

6. 教师用左手轻轻扶住托盘边缘，将拿着筷子的右手移到左边碗中，通过"夹"的动作夹起一片蝴蝶面，然后保持夹紧的动作将右手缓缓地移至右碗上方，用右手二指轻轻地做开的动作，将蝴蝶面放至右边碗内，动作要缓慢，不要发出声音。

7. 教师重复以上操作，将左碗中的蝴蝶面依次全部移到右碗中。

8. 教师邀请儿童用示范的方法操作。

9. 儿童完成操作后，教师指导儿童将教具放回教具柜。

错误控制：

1. 手指放的部位不正确。

2. 用力不均，夹不到物品；在运送过程中掉落。

3. 筷子打到容器，发出声音。

年龄：

三岁以上。

活动变化与延伸：

1. 变换不同种类和长度的筷子。

2. 让儿童练习对应夹、分类夹。

3. 让儿童夹毛球、夹干果等，并且让儿童练习一次夹两颗或三颗。

4. 让儿童用筷子夹取豆类、纸鹤等，用彩色夹子夹盘子等。

5. 教学延伸

数学：儿童按教师指定的数目一颗一颗夹取，在夹的过程中点数并说出总数。

6.碗中内容物的变化，例如小星星、彩珠等。

示范点评

蒙台梭利认为，手对大脑智力研发有很大帮助。夹的动作训练主要锻炼儿童的三指运动能力，包括直接用三指进行的夹夹子的工作，也包括使用工具进行夹的动作练习。利用夹子和模子设计的有关夹物的动作练习（延伸活动），可以根据儿童的能力进行变化和延伸，使儿童的手指肌肉运动趋于精确、灵活，最终让儿童随心所欲地控制自己的手指运动，借助反复的操作实践，还可让儿童获得智力和情感上的同步发展。

1.用筷子夹食物是儿童实际生活中的一个重要的操作。蝴蝶面的颜色、形状和小碟子的颜色、形状等都能引起儿童操作的兴趣，有助于锻炼儿童的动手能力。

2.教师在准备教具时，注意筷子的尺寸要适合儿童。一开始要选择容易夹起的物品，待儿童熟练后，再用豆子或者玻璃球等练习，有助于儿童了解"重力越大的物体越难夹"的道理。

3.筷子不仅是饮食道具，使用筷子时，儿童各个手指的运动给大脑以刺激。用筷子夹是儿童进餐的重要动作之一，儿童在使用勺子的基础上要逐步学会使用筷子。通过学习用筷子夹食物，可以锻炼儿童的手部控制能力，提高儿童的手眼协调能力。

4.使用筷子的工作对手指的协调性与灵活性要求较高，大部分儿童手部小肌肉的发育尚不完善，必须经过长时间的练习才能熟练掌握，教师可结合日常进餐中的实际情况，适时进行引导。

5. 教师可向儿童提示有关筷子使用的礼仪要求，例如不能用筷子击打碗盆，不能将筷子指向别人等。

6. 这项操作练习帮助儿童在生活中正确地使用筷子，不断增加儿童手指运动的灵活性，为儿童握笔训练做准备。

24 穿塑料吸管

教具构成：

托盘一个，长短、粗细及颜色不同的塑料吸管若干，绳子一条，放绳子和吸管的小碟各一个。

直接目的：

1. 让儿童学习穿塑料吸管的动作。

2. 培养儿童的手眼协调能力。

间接目的：

1. 培养儿童手眼协调能力及对应的观察力。

2. 帮助儿童了解粗细的概念。

示范过程：

1. 教师按照上述要求准备教具。

2. 教师邀请儿童："今天我要带你操作一项新的教具，名称是'穿塑料吸管'。"

3. 教师用右手拿起一根绳子，将其竖着展开，教师请儿童也取一根绳子和教师一起做。

4. 教师用右手三指抓住距离绳头大约2厘米处，用左手轻轻地拿起一根吸管。

5. 教师将绳头从右边穿入吸管孔中，然后从左边轻轻穿出，换右手拿吸管，左手把绳子从吸管中全部拉出，穿好第一个吸管。

6. 教师邀请儿童用示范的方法操作，教师适当给予指导。

7. 教师将穿好的吸管拿起，和儿童互相欣赏，比一比谁穿得漂亮，或数一数谁穿得多。

8. 教师指导儿童将吸管从绳子上慢慢取下。

9. 待全部吸管取下之后，教师可根据儿童的兴趣请儿童自己练习或做适当的延伸。

10. 儿童操作完成后，指导儿童按照规定的方法将绳子缠好，放入小碟中，整理好全部教具并放回原位。

错误控制：

1. 绳子从吸管中穿不过去。

2.吸管从绳子上滑落。

年龄：

两岁半以上。

活动变化与延伸：

1.儿童练习把相同颜色的吸管穿在一起，把相同粗细的吸管穿在一起。

2.儿童练习按照一定的序列穿吸管。

3.能用穿的动作完成的任何物品，例如带孔的木珠、珍珠、玻璃珠、琉璃石、瓶盖等。也可练习穿针、穿鞋带等。

4.教学延伸

数学：进行不同的分类点数，统计吸管数量；尝试进行简单的加减运算。

语文：按照汉字题卡进行分类或排序穿，例如按红色、蓝色、粉色、绿色的顺序穿两组吸管。

美术：用吸管进行各种美工粘贴活动。

体能：在户外进行的各种有障碍或无障碍的穿吸管、穿木珠的记忆排序活动。

示范点评

1."穿"的动作体现在儿童实际生活的许多方面。在儿童练习穿塑料吸管的过程中，各种塑料管的质感、颜色、形状会对儿童产生吸引力，使儿童能够体会其中的乐趣，同时可以根据儿童的能力和兴趣进行各种延伸教学。

2. 这项操作练习可以培养儿童初步的分类能力。在蒙台梭利教室中，教师可以根据儿童的特点，适当提供一些便于儿童分类的材料。根据儿童的实际能力，材料分类的维度应该是适宜的，主要体现在以下两个方面：第一，对于年龄小的儿童，材料中所隐含的维度特征不能太多，利用实际生活中的契机，引导儿童发现事物的共同特征。第二，对于年龄大的儿童，要提供有多种维度差异的感知材料，引导幼儿进行多样化的分类。

25 穿木珠

教具构成：

托盘一个，装木珠和绳子的小筐各一个，各种颜色的木珠一盒，穿木珠用的绳子若干。

直接目的：

1. 指导儿童学习穿木珠。

2. 精确儿童穿的能力。

3. 培养儿童的审美能力。

间接目的：

1. 培养儿童高度的专注力。

2. 培养儿童手眼协调能力及对应的观察力。

示范过程：

1. 教师按照上述要求准备教具。

2. 教师邀请儿童："今天我要带你操作一项新的教具，名称是'穿木珠'。"

3. 教师伸出右手，以三指捏的方式轻轻地将绳子从筐中拿起，可将绳子的一侧开端打一个结，并找到绳子另一头的开端，轻轻地将绳子捋齐。

4. 教师用左手将木珠从左筐中轻轻取出，缓缓地移至绳子前端。

5. 教师将右手中的绳子轻轻穿过木珠中间的孔，待绳子穿过约1厘米时，教师将左手轻轻地松开木珠，并用右手固定穿进去的木珠和绳子。

6. 教师左手以三指捏的方式捏住绳子前端，将穿过木珠的绳子轻轻向左拉，同时用右手将右侧的绳子和木珠沿着绳子向右拉。

7. 教师将绳子捋直，左手捏住绳子的左侧开端，左手臂轻轻抬起，根据绳子长度决定两侧手臂的位置，眼睛看向木珠。

8. 教师重复上述操作，再将其余的木珠穿上绳子，并将其依次整理好。

9. 教师邀请儿童用示范的方法操作。

10. 教师可将儿童穿好的绳子两端系在一处，做一串项链，指导儿童欣赏和试戴。

11. 全部操作完成后，教师指导儿童将教具放回教具柜。

错误控制：

1. 绳子的一端没有打结，穿进去的木珠掉落。

2. 木珠散落在地上或桌子上。

3. 发出很大声音。

年龄：

两岁半以上。

活动变化与延伸：

1. 儿童练习按一定的规律穿木珠。

2. 儿童练习按一定的数量穿木珠。

3. 儿童练习蒙眼穿木珠，或者按对照图卡穿木珠。

示范点评

蒙台梭利认为，手是最主要的老师，儿童的天性是要工作的，因此儿童需要通过手的活动发展自我，教师需提供给儿童活动的动机，为儿童练习创造合适的环境与条件。

1. 儿童通过穿木珠的练习，可以体会找到相同木珠及穿成一串后的成就感，提高儿童的自信心。

2. 教师要先将绳子的一端打结，保证木珠不散落。

3. 教师需注意，示范的动作要清晰，以便儿童学习和观察。

4. 这项操作练习有助于儿童了解——对应和序列对应的双重关系。

5. 这项操作练习有助于培养儿童的综合思维能力以及审美能力。

26 开锁

教具构成：

大小不同且配有钥匙的锁五把，对应的钥匙五把。

直接目的：

1. 让儿童练习拧钥匙的动作，并能运用拧转的动作开锁。

2. 精确儿童拧的能力。

间接目的：

1. 使儿童学会使用各种生活用具，为儿童的独立生活做准备。

2. 培养儿童的手眼协调能力。

3. 增强儿童的逻辑思维能力和秩序感。

示范过程：

1. 教师按照上述要求准备教具。

2. 教师邀请儿童："今天我要带你操作一项新的教具，名称是'开锁'。"

3. 教师向儿童示范取教具，并请儿童取教具放在桌面上，并坐在教师的左边。

4. 教师引导儿童仔细地辨别锁与钥匙大小的差别，找到第一个锁头的钥匙对儿童说："这是第一把锁的钥匙。"然后将该钥匙放在锁头的旁边，以同样的方法将其他的锁和钥匙一一配对。

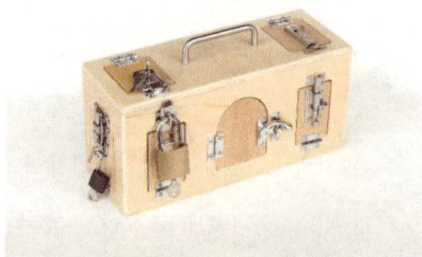

5. 教师从最大的锁头开始，左手拿锁，用手指一下锁孔，示意钥匙要插进去，然后右手拿起钥匙插进锁孔中，钥匙向右旋转将锁打开。教师再按原顺序将锁放在原位。

6. 教师按从大到小的顺序依次开锁，双手用力上下挤压，将锁头锁上，然后拔下钥匙。

7. 教师邀请儿童按照示范的方法操作。

8. 儿童操作完成后，教师指导儿童将教具放回教具柜。

错误控制：

1. 锁打不开。

2. 锁匙没有对准锁孔。

3. 锁不上锁。

年龄：

两岁以上。

活动变化与延伸：

1. 让儿童练习开不同样式、不同大小的锁。

2. 让儿童练习开不同位置上的锁，例如门锁、车锁、抽屉上的锁等。

3. 让儿童练习拧螺丝钉、拧瓶盖。

4. 教学延伸

触觉：尝试戴上眼罩开锁。

美术：描画锁和钥匙的形状图案。

语文：物品与名称的配对练习，如"最大的""最小的""钥匙""锁"。

示范点评

　　蒙台梭利教具要教会儿童生活能力和技能，目的在于把儿童培养成能适应实际生活的人。开锁练习贴合儿童的实际生活，教学内容来源于生活，为儿童独立生活奠定基础，为未来生活做准备。

　　1. 开锁和锁锁所发出的声音，可以增强儿童开锁的兴趣，还可以锻炼儿童手眼协调的能力。

　　2. 教师的示范要完整且有一定的顺序。

　　3. 这项操作练习有助于儿童学会使用与"锁"相关的多种生活用具，为独立生活做准备。

　　4. 这项操作练习有助于促进儿童能力与动作的迁移及变化，帮助儿童学习使用形容词和名词。

27 拧毛巾

教具构成：

托盘一个，围裙一件，盛水的透明玻璃小盆一个，毛巾一条。

直接目的：

1. 指导儿童学习拧毛巾的方法。

2. 精确儿童拧的动作。

3. 调整儿童的肌肉运动。

间接目的：

1. 为培养儿童的独立的自理能力奠定基础。

2. 增加对儿童注意力的培养，以发展儿童的专注力。

示范过程：

1. 教师按照上述要求准备教具。

2. 教师邀请儿童："今天我要带你操作一项新的教具，名称是'拧毛巾'。"

3. 教师用右手轻轻地拿起毛巾，将毛巾缓缓地浸入水中，直到毛巾吸满水。

4. 教师在水中将毛巾对折两三次使之成为长方块，注意不要让水溅出来。

5. 教师将毛巾缓缓地拿出水面，将毛巾竖直置于小盆正上方。左手抓住毛巾上端，右手握住毛巾，右手大拇指握住毛巾前侧，四指并拢握紧毛巾后侧，轻轻地从上往下将水挤出。

6. 教师在较低处用双手把毛巾绞干（双手握住折短的毛巾两端，双手向相反方向转动）。

7. 教师邀请儿童试一试，可着重练习双手向相反方向拧的动作。

8. 儿童练习完成后，教师请儿童将水盆中的脏水倒掉。

9. 教师用抹布把洗脸盆及台上的水滴擦干。

10. 教师指导儿童将所有教具放回原位。

错误控制：

1. 水洒在盆外。

2. 毛巾没有拧干，仍有水滴。

年龄：

一岁半以上。

活动变化与延伸：

1. 让儿童练习拧海绵、抹布、手绢、袜子等。

2. 练习拧大一点的物品，例如衣服、浴巾等，儿童可与同伴合作拧。

示范点评

　　蒙台梭利认为，儿童是用手来思考的，手的自由使用不仅表达了儿童的思维，也表达了儿童思考的过程。""拧"这一动作，对年龄小的儿童来说，具有一定的挑战性，但不要向儿童提供过多帮助，适当的困难有助于激发儿童的创造性，提高儿童解决问题的能力。

　　1. 拧毛巾是儿童实际生活中的一项重要活动。儿童通过拧毛巾，体会让水流出来的乐趣。这项操作练习锻炼儿童的手部控制能力，培养儿童照顾自己和照顾环境的意识。

　　2. 教师需注意，儿童动手习惯不同，扭转的方向或握毛巾的手势会有所不同。

　　3. 这项操作练习有助于儿童了解毛巾的吸水性和水的挤压流动性。

　　4. 这项操作练习有助于儿童感知量的守恒关系。

28　剥花生

教具构成：

托盘一个，花生若干，毛巾一条，小碟两个，小碗一个。

直接目的：

1. 让儿童练习剥花生的动作。

2. 锻炼儿童手部动作的灵活性。

间接目的：

1. 增加儿童的独立性。

2. 培养儿童的专注力。

3. 培养儿童的手眼协调能力。

示范过程：

1. 教师按照上述要求准备教具。

2. 教师邀请儿童："今天我要带你操作一项新的教具，名称是'剥花生'。"

3. 教师请儿童轻轻地将教具放于桌面上，将盛放花生的碟子置于左手边。教师请儿童坐在教师左侧。

4. 教师从左边的碟子里轻轻地取一粒花生。

5. 教师用左手用力压一下花生，使花生壳出现裂缝。

6. 教师轻轻地沿裂缝剥开花生，将花生仁放入其中一个碟子中，将花生壳放入另一个碟子中。

7. 教师邀请儿童按照示范的方法操作。

8. 将碟子内的花生剥完之后，请儿童端起盛放花生壳的小碟，将花生壳丢到垃圾桶内。

9. 教师请儿童分享花生仁。

10. 教师到补充区补充花生。

11. 儿童完成操作后，教师指导儿童将所有教具放回原位。

错误控制：

1. 花生压不开。

2. 花生壳与花生仁归位错误。

年龄：

三岁以上。

活动变化与延伸：

1. 让儿童练习剥瓜子、熟鸡蛋、香蕉、开心果、蒜等。

2. 教学延伸

数学：按一定的数量剥。

美术：用花生壳做粘贴画。

示范点评

蒙台梭利认为，实际生活练习的根本目的在于通过具体的学习过程、针对性的练习、运动的调整，养成儿童的独立精神，为儿童的独立生活做准备。

1. 教师需指导儿童将花生放在手指便于压开的位置。

2. 教师需根据儿童不同的能力进行延伸教育，将数学知识运用到实际生活中，有助于儿童学以致用。

3. 教师需注意，不要轻易打断儿童的操作，只有儿童提出要求帮助时教师才可以介入引导。教师对儿童的引导要以尊重儿童的自主性与独立性为前提。

4. 这项操作练习有助于儿童学会分享，提高儿童的社会交往能力。

29　捞彩色玻璃球

教具构成：

托盘一个，漏勺一个，小碗一个（内装彩色玻璃球），小碟一个。

直接目的：

1. 让儿童练习捞的动作。

2. 指导儿童学习正确使用漏勺。

3. 锻炼儿童手部肌肉的控制力。

间接目的：

1. 充分调动儿童的参与性，培养儿童手眼协调能力及对应的观察力。

2. 培养儿童的专注力。

示范过程：

1. 教师按照上述要求准备教具。

2. 教师邀请儿童："今天我要带你操作一项新的教具，名称是'捞彩色玻璃球'。"

3. 教师示范儿童取教具的方法，并请儿童取教具于桌面上。

4. 教师用右手轻轻地拿起漏勺，让儿童观察，并向儿童介绍漏勺的名称，示范用五指抓握或三指拿握。

5. 教师将漏勺缓缓地伸入水盆中，搅拌并轻轻捞起彩色玻璃球，用海绵轻轻地擦拭漏勺底部的水珠。

6. 教师将漏勺轻轻地移至小碗上方，并将漏勺内的彩色玻璃球轻轻倾倒入小碗中，不要发出很大的声音。

7. 教师邀请儿童用示范的方法操作。

8. 待水中的彩色玻璃球全部捞出时，教师将托盘中的碟子、小碗、漏勺取出放在托盘外。取出海绵擦拭托盘内的水珠。

9. 教师将所有教具依次放入托盘，倒掉脏水，整理好教具，送回教具柜。

错误控制：

1. 水洒到水盆外。

2. 捞起的玻璃球掉落在桌面或地面上。

3. 发出很大声音。

年龄：

一岁半以上。

活动变化与延伸：

1. 让儿童练习水中捞塑料球等固体物。

2. 按颜色分类捞。

3. 教学延伸

数学：一个一个地捞物品，并数出数量；或在捞的过程中，儿童按教师指定的数目捞，并进行加减法练习。

示范点评

1. 在捞彩色玻璃球的练习中，教具本身的吸引力会增加儿童操作的兴趣。教师通过表情和动作吸引儿童，让儿童倾听玻璃球倒入碗内发出的声音，培养儿童的手眼协调能力和乐感。

2. 教师需注意，示范动作一定要缓慢而清晰，方便儿童观察和学习。

3. 教师需提示儿童取水时水不要超过控制线。

4. 这项操作练习有助于儿童通过动作理解语言的含义并培养可逆性思维能力。

5. 这项操作练习有助于儿童理解量的守恒概念。

6. 这项操作练习有助于培养儿童的数学心智，尤其是认识平面、立体的图形，并感知圆及球的特征，这种初步的经验可以迁移到数学教具的学习中。

30 打泡泡

教具构成：

托盘一个，打蛋器一个，毛巾一条，透明小碗一个，透明小碟一个，鸡蛋一个。

直接目的：

1. 让儿童学习打蛋器的使用方法。

2. 让儿童学习双手夹物使物体滚动的技巧。

间接目的：

1. 促进儿童能力与动作的迁移与变化。

2. 为培养儿童生活能力奠定基础。

示范过程：

1. 教师按照上述要求准备教具。

2. 教师邀请儿童："今天我要带你操作一项新的教具，名称是'打泡泡'。"

3. 教师带儿童到教具柜前，向儿童示范正确取教具的方法。

4. 教师将鸡蛋轻轻地打入小碗中，并将鸡蛋壳放在小碟内。

5. 教师向儿童介绍打蛋器:"这是打蛋器、打蛋器。"教师将打蛋器的头轻轻地放入鸡蛋液中,用双手手心夹住打蛋器的柄,然后搅动,动作由慢到快反复搅动,使泡泡产生。

6. 教师邀请儿童按照示范的方法操作。

7. 教师指导儿童取出打蛋器,用毛巾擦干,放在托盘前方的位置。

8. 教师指导儿童仔细地观察托盘中是否有水;若有水,用毛巾将其轻轻地擦拭干净。

9. 教师让儿童观察托盘,并将打蛋器放在托盘中。

10. 教师将小碗清洗干净,并用毛巾轻轻擦干放入托盘内。

11. 操作完成后,教师指导儿童用毛巾将教具擦拭干净并放回教具柜。

错误控制：

1. 打不出泡泡。

2. 鸡蛋液溢出。

年龄：

两岁半以上。

活动变化与延伸：

1. 让儿童练习打面粉、做蛋糕。

2. 教学延伸

语文：认识汉字"打泡泡""打蛋器""鸡蛋"。

示范点评

1. 儿童通过观察打蛋器和泡泡的产生过程，体会自我操作的乐趣。

2. 教师示范打蛋器的使用方法时，动作要由慢到快。

3. 鸡蛋液打出泡泡后可以制作食物，如炒鸡蛋等。

4. 这项操作练习为儿童在实际生活中制作食品做准备，并帮助儿童了解某些食品的制作过程。教师应该多放手，为儿童独立制作创造机会。我们已发现"儿童不仅需要做一些有趣的事情，而且也喜欢被告知如何正确地去做"。操作性任务本身对儿童有吸引力，具有潜意识目的。当儿童使用打蛋器打出泡泡时，会享受到快乐。

31 贴

教具构成：

胶棒一个，托盘一个，绘有水果图案的白色卡纸一张，小碗一个（碗内盛有若干皱纹纸纸团）。

直接目的：

1. 让儿童学习粘贴的方法。

2. 让儿童学习胶棒的使用方法。

3. 指导儿童手指的运动调整。

间接目的：

1. 提高儿童工作的趣味性，让儿童乐于工作。

2. 培养儿童的创造性思维，让儿童善于思考。

示范过程：

1. 教师按照上述要求准备教具。

2. 教师邀请儿童："今天我要带你进行一项新的工作，名称是'贴'。"

3. 教师指导儿童从教具柜上把整组教具搬到工作毯或者桌面上。

4. 教师从托盘中取出绘有水果图案的白色卡纸置于桌子中央。

5. 教师将其他教具准备好放在桌子的右侧。

6. 教师取来胶棒，并向儿童介绍胶棒的名称。教师打开胶棒的盖子，在水果图案白色卡纸上均匀地涂上一层薄薄的胶。

7. 教师从小碗内取出一个皱纹纸纸团，粘在胶棒涂抹的地方。

8. 教师用手指有序地轻压皱纹纸纸团。

9. 教师按照同样的操作方法完成其他区域的水果图案。

10. 教师邀请儿童按照示范的方法操作。

11. 全部贴完后，教师和儿童一同欣赏作品。

12. 教师轻轻地盖好胶棒的盖子。

13. 教师指导儿童将全部教具放回原来的位置。

错误控制：

1. 贴在规定区域之外。

2. 贴反了。

年龄：

两岁以上。

活动变化与延伸：

1. 让儿童练习贴窗花、贴布画、贴石子画、贴鸡蛋壳画等。

2. 让儿童自由地进行粘贴。

3. 教学延伸

美术：让儿童自己构想，自由创作粘贴画；根据立体教具的摆放、构思剪贴图画。

数学：数一下共有几种颜色。

语文：根据图上写的颜色名称对应粘贴。

示范点评

1. "贴"的动作很奇妙。儿童在反复练习中自然而然地产生了创造，他们将裁剪下来的图形、人物等组成各种图画，其中包含地理、历史、社会、政治、美术、数学、科学等内容，他们将生活中的所有事情按照自己的思维方式有机地结合在一起，体现了人的创造性。

2. 教师需注意，一个班级可准备多份教具，供儿童合作开展活动。

3. 儿童可根据自己的意愿、兴趣随意贴画。在贴的过程中，教师提醒儿童注意美感，例如先摆一摆，确定图样后再粘贴。

4. 教师需注意，涂胶棒时要提醒儿童小心，以免弄脏其他物品，这有助于培养儿童做好每一个精细动作的习惯，有助于发展儿童专注的工作精神。

5. 教师与儿童完成的作品尽量贴在房间的墙上展示，增强儿童由作品展示而获得的荣誉感。

6. 这项操作练习将立体转化为平面，然后将平面转化为立体，有助于儿童理解并发现可逆性，培养其可逆性思维能力。

32 剪

教具构成：

适合儿童使用的剪刀一把，托盘一个，画有图案的长方形纸一张。

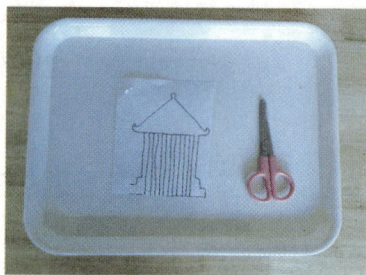

直接目的：

1. 让儿童学习正确使用剪刀的方法。

2. 增强儿童肌肉运动的调整。

3. 培养儿童手眼协调的能力。

间接目的：

1. 培养儿童手眼协调能力及对应的观察力。

2. 为培养儿童的独立生活能力奠定基础。

示范过程：

1. 教师按照上述要求准备教具。

2. 教师邀请儿童："今天我要带你进行一项新的工作，名称是'剪纸'。"

3. 教师带领儿童到教具柜前，向儿童介绍剪纸工作的教具。

4. 教师指导儿童将托盘放在桌子上，并请儿童坐在教师的左侧。

5. 教师从托盘中取出剪刀，并向儿童介绍："这是剪刀、剪刀。"向第一次使用剪刀的儿童示范剪刀的握法：右手拇指握住剪刀的上把柄，用食指和中指握住剪刀的下把柄。

6. 教师左手拿纸，右手把剪刀打开并对准纸上右边的第一条线剪下。

7. 教师重复上面的操作，按顺序沿纸上的图案边缘线全部剪完。

8. 教师轻轻地放下剪刀，邀请儿童试一试。教师将剪刀拿起来递给儿童，注意递剪刀时，双手握住闭合的剪刀尖锐的一端，将剪刀柄朝向儿童。

9. 教师请儿童练习沿直线剪，剪刀使用熟练后再按图案剪。

10. 教师指导儿童收好剪完的作品，将剪下的纸屑丢进垃圾筐内。

11. 教师指导儿童整理教具并将其送回教具柜，并卷好工作毯放回原处。

错误控制：

1. 剪刀打不开，剪的动作不灵活。

2. 剪不开纸；剪到线以外。

3. 递剪刀或拿剪刀的动作不规范。

年龄：

两岁半以上。

活动变化与延伸：

1. 让儿童练习剪曲线、锯齿线、螺旋线等。

2. 让儿童练习剪画有复杂几何图形的纸（复制各种教具的图形），可把自己构想的简单图案描绘到纸上并自己剪。

3. 让儿童练习剪报纸、剪画册、剪窗花、剪毛线、剪布等。

4. 改变用具，例如用指甲刀剪指甲、剪枝工具剪花枝等。

示范点评

1. "剪"的动作是儿童实际生活中的常见动作。儿童练习剪的动作，有助于培养其动手能力。通过一系列的延伸活动，可以培养儿童的审美能力，促进思维拓展。

2. 教师要给儿童示范传递剪刀的正确方法，一方面保证儿童的安全性，另一方面提醒儿童如何与人交往。

3. 教师向儿童示范用剪刀剪纸的动作，沿着线剪；教师示范拿剪刀的方法时，动作要清晰、缓慢。

4. 教师需注意，初次练习时可拿着纸让儿童剪，也可给儿童一张白纸随意剪。

5. 这项操作练习有助于儿童认识线段、曲线与不同线的名称和形状。有助于儿童认识各种几何图形及日常用品的名称和形状。

6. 这项操作练习有助于儿童手指精细动作的练习及动作平衡性和秩序感的培养。

33　缝

教具构成：

竹筐一个，几块布，针线，剪刀一把。

直接目的：

1. 让儿童练习缝的基本动作。

2. 培养儿童手指的协调能力。

3. 让儿童为缝纫做准备。

间接目的：

1. 培养儿童手眼协调能力及对应的观察力。

2. 使儿童学会使用各种生活用具，为独立生活做准备。

示范过程：

1. 教师按照上述要求准备教具。

2. 教师邀请儿童："今天我要带你进行一项新的工作，名称是'缝'。"

3. 教师指导儿童从教具架上把盛教具的托盘放到桌上。教师可预先为初学儿童在图形上以适当间隔打上若干个孔。

4. 教师向儿童示范将毛线穿过毛线针的方法：右手拿线稍靠前，左手拿针，将线头对准针孔穿入，用左手将线从针孔中拉出来，剪取约50厘米长的线段（或预先准备50厘米长的一段线），把线两头并在一起打结。

5. 教师用左手拿起需要缝的布，右手持针。

6. 教师选择一个孔作为起点，针从正面刺入，用右手将针从反面拉出来（注意要将线拉紧）。

7. 教师将第二个孔（按顺时针方向）从背面向正面刺入，从正面将针线抽出来。

8. 教师按照上述操作，正反面交互进行。

9. 教师请儿童自己练习，缝好后线从背面将针线拉出，打结后将线在结外剪断。

10. 教师和儿童一同欣赏作品，看一看自己缝出的是什么图案。

11. 教师指导儿童将所有用具整理好放回原处。

错误控制：

1. 针脚没有交互穿过。

2. 线拉得太紧或太松。

3. 缝到图形以外。

年龄：

三岁以上。

活动变化与延伸：

1. 让儿童练习缝扣子、缝布袋、缝小娃娃的衣服等。

2. 让儿童练习用十字锈法缝制各种装饰图案。

3. 让儿童练习回针缝、锁边缝、十字缝等。

示范点评

1. 在图案上刺孔时，教师需指导儿童按照等间隔用针刺孔，孔与孔之间距离不要太近。此时，下面一定要铺垫子，可用毛毯布、三折的毛巾、野餐用的塑胶布、瓦楞纸等。

2. 打结对儿童而言难度较大，教师可以协助完成。

3. 教师需提醒儿童缝针的方法：针从一点到另一点是正、背交互进行的。

4. 教师需提醒儿童不要用针伤害他人，保证儿童的安全性及提醒儿童如何与人交往。

5. 该项操作练习有助于儿童认识各种不同的图形。

6. 该项操作练习有助于培养儿童的耐心以及通过作品的展示培养儿童的信心与满足感。

7. 缝制漂亮图案的练习可以为儿童日后做针线活做准备，同时可以培养儿童的审美能力。

8. 该项操作练习有助于儿童培养手眼协调能力。儿童操作教具时，常常表现出高度的兴趣，这正如蒙台梭利所说的："当他（儿童）理解了一种练习的含义，他就开始喜欢一次一次地重复这种练习，并会重复无数次，直到获得最大的满足"。

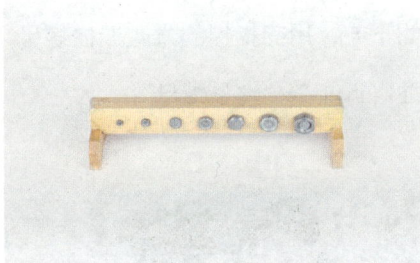

34　转螺丝

教具构成：

螺丝、螺母由小到大共七组，桌垫一张，小盒子一个。

直接目的：

1. 让儿童学习如何转螺丝。

2. 精准儿童转的动作。

3. 加强儿童手腕的运动。

间接目的：

1. 培养儿童旋转的能力与动作的迁移与变化。

2. 帮助儿童使用各种生活用具，为独立生活做准备。

示范过程：

1. 教师按照上述要求准备教具。

2. 教师邀请儿童："今天我要带你进行一项新的工作，名称是'转螺丝'。"

3. 教师请儿童独立取教具到桌面上。

4. 教师取出桌垫，双手配合将其从左至右展开并将其铺平。

5. 教师将螺丝按照由大到小的顺序从螺丝架上取下，并将螺丝轻轻地依次放到桌垫上。

6. 教师再将螺母从螺丝架上取下（打乱顺序），轻轻地放到桌子上。

7. 教师用右手轻轻地取出一个螺丝，大拇指放在螺丝的上方，中指和食指放在螺丝的下方，用三指捏的方式捏住螺丝，并告诉儿童"这是螺丝"。随后教师将螺丝放在桌子上。教师用右手取出一个螺母，大拇指放在螺母的上方，中指和食指放在螺母的下方，用三指捏的方式捏住螺母，并告诉儿童"这是螺母"。

8. 教师用左手将螺丝轻轻地从桌子上拿起，并与右手上的螺母进行匹配，若二者匹配成功，教师用左手捏住螺丝穿过螺丝架上的孔并固定螺丝，左手保持螺丝不动，用右手按照顺时针方向把螺母拧到螺丝上去，并将螺母完全转至螺丝顶部；如果二者匹配不成功，则教师将手中的螺母放在桌子上，换另一个螺母进行尝试，直至成功。

9. 教师再用同样的方法将剩余的螺母转至相应的螺丝上。

10. 待所有的螺母都拧到螺丝上之后，教师将左手放在第一对螺丝上，同时用右手按照逆时针的方向将螺母从螺丝上拧下来，取出第一对螺丝、螺母，然后将二者放到桌子上。

11. 教师重复操作，直至所有的螺母都从螺丝上拧下来，并将每一对螺丝和螺母轻轻地放在桌子上。

12. 教师将所有的螺丝和螺母按照从大到小的顺序归位。

13. 教师邀请儿童按照示范的方法操作。

错误控制：

1. 螺丝与螺母不匹配。

2. 没有将螺母完全转至螺丝顶部。

3. 螺母与螺丝的角度不对，二者不垂直。

年龄：

三岁以上。

活动变化与延伸：

1. 让儿童使用不同型号、材质的螺母和螺丝进行工作；增加螺丝与螺母的数量。

2. 加铁片或垫圈，用螺丝起子转螺丝。

3. 在转螺丝的基础上，让儿童练习开锁。

示范点评

1. 教师需提醒儿童在转螺丝时注意安全，要检查确认螺丝与螺母是否匹配后再继续转螺母，直至螺丝顶部拧紧。教师可以给儿童提供螺丝组合。

2. 教师需注意螺丝与螺母之间不能太生涩，以免儿童拧不动。

3. 这项操作练习可以训练儿童的手部动作，增强儿童的手部力量。通过延伸活动，有助于儿童掌握开锁、拧瓶盖、转水龙头等生活技能。

二、照顾环境

1 擦镜子

教具构成：

托盘一个，镜子一面，手指套或绒布一块，小盘子一个，喷水器一个（水里可兑少许白醋），海绵一块。

直接目的：

1. 让儿童学习如何擦镜子。

2. 精确儿童擦的能力。

3. 锻炼儿童手腕、手臂的力量和活动能力。

间接目的：

1. 培养儿童讲卫生、爱清洁的习惯。

2. 培养儿童照顾环境的意识。

3. 为儿童独立生活做准备。

示范过程：

1. 教师按照上述要求准备教具。

2. 教师邀请儿童："今天我要带你进行一项新的工作，名称是'擦镜子'。"

3. 教师请儿童独立取教具到桌面上。

4. 教师取出围裙，并告知儿童做这项操作练习前需要戴围裙，以保持衣物的整洁。

5. 教师取喷水器，右手大拇指放在喷水器的瓶身左侧，食指和中指放在瓶身右侧。教师用左手扶住喷水器，保持器身不动，用右手打开盖子，向儿童示意喷嘴的位置以及如何按喷头。

6. 教师用右手拿起喷水器，对着镜子均匀地喷几下，然后将喷水器轻轻地放回托盘，先用海绵轻轻地擦拭一下镜子，随后从小盘子里取出手指套套到右手手指上。

7. 教师用左手扶住镜子，四指并拢放在镜子后侧，大拇指放在镜子左侧，用套好手指套的右手在镜子上按照从上到下、从左到右的顺序仔细擦拭，直至擦干净为止，然后让儿童观察擦拭干净的镜面。

8. 教师用左手将右手指上的手指套取下，并将用过的手指套清洗并晾晒，再从备用筐里取新的手指套补充到托盘里。

9. 教师手拿喷水器到清洁区，将喷水器灌满并盖上瓶盖，轻轻地放回托盘，不要将水洒落在桌子上或者托盘内。

10. 教师邀请儿童按照示范的方法操作。

11. 教师做好结束工作：先解围裙，并指导儿童也将围裙解下，将围裙叠整齐，放好；然后将桌子上的工作毯卷好，用手指套将水滴擦干净；将托盘和镜子放回原处，不要发出声音。

错误控制：

镜面没有擦干净，有水渍残留。

年龄：

三岁以上。

活动变化与延伸：

1. 让儿童擦拭各种玻璃器具，如擦玻璃、擦眼镜等。

2. 在擦镜子的基础上，让儿童练习擦其他物品，例如擦树叶。

示范点评

1. 擦镜子是实际生活中一个常见的活动，"擦"的动作可以锻炼儿童的手指、手臂、手腕的力量。通过让镜子更干净、更明亮，儿童可以从中获得成就感；通过照镜子，儿童可以学会欣赏自己，发现身边的美。这些实际生活领域的练习给儿童提供了一种环境和条件，以支持和满足他们的愿望，使他们的潜力得到发挥，经验得以增长。

2. 在练习前，教师要先用水将白醋稀释，以免儿童接触后腐蚀皮肤。练习完成后，请儿童及时洗手。

3. 手指套要选择吸水性好的材质，在喷水时，注意水不宜过多。

4. 这项操作练习可以让儿童从小养成爱清洁的习惯，培养儿童的独立性和照顾环境的意识。

2 清洁叶子

教具构成：

托盘一个，绿色植物盆栽一盆，小水桶一个，小水壶一个，小碗一个，擦干布一块，小海绵一块，地垫一个，小围裙一件。

直接目的：

1. 让儿童学习如何清洁叶子。

2. 精确儿童擦的能力。

3. 锻炼儿童手腕、手臂的力量和协调能力。

4. 让儿童了解植物需要呼吸的知识。

间接目的：

1. 培养儿童讲卫生、爱清洁的习惯。

2. 培养儿童的秩序感。

3. 帮助儿童养成爱护植物和照顾环境的意识。

示范过程：

1. 教师按照上述要求准备教具。

2. 教师邀请儿童："今天我要带你进行一项新的工作，名称是'清洁叶子'。"

3. 教师与儿童一起走到教具柜前，示范如何取教具。教师指导儿童将教具取来放在桌子的右上角。

4. 教师和儿童一起穿上围裙，教师双手配合铺开桌垫，用右手轻抚桌垫直至平整。

5. 教师带领儿童在教室里寻找一盆叶子需要擦拭的植物。教师双手分别托起花盆两侧，手臂朝腋下靠近，小臂弯成直角，双手水平地端起盆栽并将其轻轻地放置在桌垫上，不要发出声音。

6. 教师请儿童取水。儿童持壶来到取水区，接入适量的清水后返回，将小水壶轻轻地放在桌面上以防止水从水壶中溅出，并将水轻轻地倒入小碗内。

7. 教师用右手拿起一块海绵，大拇指放在海绵上方，食指和中指放在海绵下方，用三指捏的姿势将海绵轻轻放入小碗中，静候几秒钟让海绵将水吸入，直至海绵被浸湿。

8. 教师用手捏住海绵轻轻地挤一下。

9. 教师将左手轻轻地垫在一片叶子下面，扶住叶片，右手用海绵顺着叶脉按照从上到下的顺序轻轻地擦拭叶面。

10. 教师示范后，让儿童观察并对比擦干净的叶子和其他叶子的差别，让儿童意识到擦叶子的作用。

11. 海绵脏后，教师向儿童示范清洗海绵：先将海绵慢慢地浸到有水的碟子里，待海绵吸入清水后，用双手提起海绵并轻轻地挤压海绵内的水，重复操作，直至海绵被清洗干净。

12. 教师继续擦其他的叶子，依次将整棵植物的叶子擦拭干净。练习结束之后，教师可以带领儿童从不同的角度欣赏植物。

13. 教师邀请儿童按照示范的方法操作。

14. 教师示范如何收拾教具。首先用上述方法清洗海绵，倒掉碟子里的脏水，如果需要的话，可以用水壶里剩下的水浇这盆植物；用干布擦拭水壶表面、碟子和工作地垫表面的水，然后到清洁区清洗双手。

15. 教师双手配合卷起桌垫，先将桌垫的一侧卷起，直至整个地垫被完整地卷好。教师重新更换一块新的擦干布，将物品全部放回托盘。

错误控制：

1. 叶子没有擦干净。

2. 水溢出。

3. 用力不均，将叶子擦破。

年龄：

三岁以上。

活动变化与延伸：

1.让儿童帮植物剪枯叶：找到枯叶，左手捏住，右手持剪刀剪掉。

2.让儿童练习浇花、浇树等工作。

3.清理枝叶或花上的尘土、虫蚁等。

4.让儿童学习植物的栽培。由于各种植物都有其适宜的栽种时期，通过该项工作，可让儿童体会季节的更迭。

示范点评

蒙台梭利指出："在儿童和他所照管的生物之间会产生一种神秘的联系，它使得儿童能够完成一些决定性行动而不要教师的介入，也就是引导儿童进行自我教育。"

1.这项操作练习可以让儿童学习照顾身边的植物，培养儿童照顾环境的意识与习惯。

2.教师在指导儿童工作时，不是所有的植物都能拿到桌子上，也可以把工作用的托盘拿到植物旁。在托盘下面铺一块防水垫，以保持工作环境的整洁。

3.清洁叶子时需托住叶片擦拭；海绵脏后要及时清洗。

4.清洁叶子锻炼儿童的手部力量和肢体协调能力，通过延伸活动，进一步让儿童亲近大自然，了解更多关于植物的知识。

③　插花

教具构成：

水桶一个，水壶一个，碗一个，剪刀一把，盛垃圾的盘子一个，毛巾一条。

直接目的：

1. 指导儿童学习如何插花。

2. 精确儿童手指、手腕、手臂的协调能力。

3. 培养儿童照顾环境的意识。

4. 帮助儿童学习颜色搭配方面的知识。

5. 让儿童学习用植物来美化环境。

间接目的：

1. 培养儿童的审美能力。

2. 培养儿童的独立性及有始有终的工作态度。

示范过程：

1. 教师按照上述要求准备教具。

2. 教师邀请儿童："今天我要带你进行一项新的工作，名称是'插花'。"

3. 教师双手配合将教具轻轻地放到桌子的指定位置，将水桶放在地面的指定位置，将椅子放到桌子旁边，不要发出声音。教师伸出右手，手心朝上，指向教具，依次向儿童介绍教具。

4. 教师穿上围裙并指导儿童也将围裙围上，双手水平端起托盘，到取水区选花，右手通过三指捏的方式拿起海绵，用海绵擦拭花的根茎部。教师到达工作区后，伸出右手，手心朝上，向儿童介绍花瓶、花瓶垫以及花瓶的拿取方法。

5. 教师指导儿童取水，并告知儿童水的用量。

6. 教师用右手轻轻地将水壶拿起，将一部分水倒入花瓶中，把另一部分水倒入碗中，在倒水的过程中注意让壶壁与花瓶壁、碗壁轻轻地接触，防止水从壶中洒出来。

7. 教师左手轻轻地拿起花枝，并将其与花瓶进行比对，把需要剪掉的花枝缓缓浸到水中，右手拿起剪刀斜剪花茎部（增强花茎的吸水性），将多余部分剪掉。用同样的方法处理剩余的花。

8. 教师把剪好的花依次插入花瓶。整理花束，使花束长短相错，更为美观。接着在教室内寻找一处放置花瓶的地方，先将花瓶垫轻轻放在合适的位置，然后将花瓶放在花瓶垫上。

9. 教师先把剪掉的枝叶捡到盘子里，将水倒入水桶，垃圾扔到垃圾桶内，水桶的水倒空，然后用海绵擦干碗和盘子，将碗放到盘子里，依次放回到托盘内。

10. 教师邀请儿童按照示范的方法操作。

错误控制：

1. 花瓶的选择不当，瓶口太大或太小，与花枝不匹配。

2. 花根剪掉太多，根部不容易吸水。

3. 水从花瓶中溢出。

年龄：

三岁以上。

活动变化与延伸：

1. 教师示范如何给花换水并练习插花的养护。

2. 儿童在不同造型的花瓶中练习插花，也可用花篮练习插花。

3. 示范不同种类的插花，例如在花泥中插花。

4. 教师提供不同种类的鲜花，也可以用干花插花。

示范点评

1. 插花是美化日常环境的一项重要而常见的活动，可以培养儿童的动手能力，增强儿童的手眼协调能力。进行插花及一系列的延伸活动，可以提高儿童对自然界的兴趣，增强儿童的审美能力和爱护环境的意识。

2. 教师选取的剪刀要适合儿童使用；使用剪刀前，告知儿童其危险性，以保证儿童的安全。

3. 教师可准备多个花瓶、多种类型的鲜花，让儿童自由选择。

4. 教师需先往花瓶里倒水再插花。

5. 教师需考虑选取的花的数量。教师可以提示儿童感受有规律的对称美和不对称的美、奇数插花比偶数插花更美，从而培养儿童的审美能力与提高数学知识。

6. 教师需注意不同的花用不同的方法处理。如果是木本植物，需要把底部敲碎以便于吸水；如果枝干下面有汁液流出，需要教师示范用火烧一下枝干底部。

7. 蒙台梭利认为，儿童拥有一种积极的精神生活，儿童具有发现美并感知美的能力。教师应在练习中注意培养儿童乐观、向上的品质，让儿童乐于发现生活中的美。

4 洗布

教具构成：

水盆两个，洗衣板一个，取水容器一个，肥皂及小碟子多个，擦干布一块，水桶一个，围裙一件，湿衣篮一个，水壶一个，衣架多个，衣夹多个。

直接目的：

1. 让儿童学习如何正确洗布。

2. 培养儿童洗布、洗衣物的能力和手腕、手臂的协调能力。

3. 培养儿童照顾环境的意识。

4. 培养儿童保持环境卫生的意识。

间接目的：

1. 培养儿童的生活自理能力。

2. 培养儿童的连续性动作。

示范过程：

1. 教师按照上述要求准备教具。

2. 教师邀请儿童："今天我要带你进行一项新的工作，名称是'洗布'。"

3. 教师示范穿上围裙，儿童在教师的指导下穿上围裙。教师向儿童按照使用顺序介绍洗涤用具的名称，并将物品放在合适的位置。

4. 教师在脏衣篮中选择一块需要洗的布，并用右手以两指捏的姿势从中取出。

5. 教师右手提水桶到取水区接水，水量要根据需要适量接取，并将接了水的水桶轻轻地放在地面上。教师将水缓慢地倒入水盆至合适的水位，将水桶内一半的水顺着搓衣板倒入左盆，另一半倒入右盆（提示儿童倒水至止线处或者某个图案处），并将水桶轻轻放回，不要发出声音。

6. 教师用右手拿起脏布打湿，双手配合将其平摊在搓衣板上，右手以五指抓的手势拿起肥皂，并按照从上到下的顺序涂抹到毛巾上。

7. 教师把布折到中间来回搓，然后松开并变换位置，着重在污渍处搓洗，反复数次，直到布被洗干净。

8. 教师把搓好的布放到水里漂洗，然后用双手抓住布头，将其拎出水面，用左手抓住布的一角，右手像折扇子一样把布折起，从上往下挤。把布中的水分挤出后，将布轻轻拧干。如未漂洗干净，可换水再洗，方法同前。

9. 教师将洗好的布放入篮子中，将篮子提到晾衣架旁。

10. 晾晒的时候用力甩布，将布上的水分甩出，双手配合将布搭到晾衣绳上，抚平后夹上衣夹。

11. 教师完成工作后指导儿童整理教具：把洗衣板放到清水盆中，用水清洗洗衣板，并用干布把洗衣板擦干净，然后竖放到桌腿旁。

12. 教师把肥皂水倒入水桶，把清水倒入有肥皂水的水盆，用水清洗后将水倒入水桶。把水桶轻轻提起并放回桌下。

13. 教师用毛巾擦干手，擦干脸盆和台面上的水，收回洗衣板。

14. 教师将脏水倒掉。

15. 如果抹布脏了，教师可以换一块新的，放到指定位置以备用。

16. 教师邀请儿童试一试，并提示儿童可以洗其他需要清洗的物品。

错误控制：

1. 布未洗干净。

2. 水未拧干。

3. 水从盆中溢出。

4. 洗完布后没有正确归置其他工具。

年龄：

三岁以上。

活动变化与延伸：

1. 让儿童练习洗不同的衣物，例如手绢、袜子等。

2. 让儿童练习清洗生活环境中其他需要洗的物品。

3. 用洗好的布擦拭桌子、椅子、教具柜等。

示范点评

1. 在实际生活中，有关于物品"洗"的动作非常多，是生活中的一个不可缺少的动作。儿童进行洗布的练习，对于发展儿童的手部动作、增强儿童的肢体协调能力具有重要意义。

2. 教师为儿童提供教具时需注意，水的量要足够多，抹上去的肥皂不要太少，保证儿童能够将布洗干净。

3. 教师要为儿童提供大小合适的布和盆，以便于儿童操作并易于取得成功。儿童通过独立完成整个洗布过程，可以获得成就感，增强自信心。

4. 这项操作练习有利于儿童养成保持清洁的习惯，并为儿童清洗其他物品打好基础，为儿童的独立生活做准备。

5 洗桌子

教具构成：

托盘，取水壶，盆，香皂，海绵，刷子，小碟子三个，擦干布，围裙，防水地垫，水桶。

直接目的：

1. 指导儿童学习如何洗桌子。

2. 培养儿童洗的能力和手腕、手臂的协调能力。

间接目的：

1. 发展儿童的专注力和认真做事的工作态度。

2. 培养儿童的清洁感及照顾环境的意识。

3. 培养儿童的连续性动作及秩序感。

示范过程：

1. 教师按照上述要求准备教具。

2. 教师邀请儿童："今天我要带你进行一项新的工作，名称是'洗桌子'。"

3. 教师在教室内找到需要清洗的桌子，并将桌子下面的椅子挪到桌子一侧。在儿童的帮助下，将桌子搬到刷洗的区域，并与儿童一起穿好围裙。

4. 教师告知儿童教具的位置，儿童双手配合拿取教具并到指定位置轻轻放下。

5. 教师双手缓缓地打开地垫，用右手将地垫抚平放好，将水盆和水壶放在地垫上。教师请儿童到取水区取适量的水，并将水桶带回工作区。

6. 教师将水壶里三分之二的水倒入盆中。

7. 教师将海绵浸入水中打湿，将海绵提起并用双手挤一下海绵，使之不再滴水，按照从左往右、从上到下的顺序打湿桌子。

8. 教师将海绵放入清水中清洗，用手轻按挤水，并将其放回碟子内。

9. 教师将刷子浸水打湿，并蘸适量肥皂，按照从左往右、从上到下的顺序，以画圈的方式刷桌子。

10. 教师清洗刷子。将刷子在水里轻轻摇晃后拿出来，把水沥干并将其放回碟子。教师的动作要干净利索，幅度要小。

11. 教师用右手以五指抓的手势拿取海绵，按照从左往右、从上到下的顺序擦吸桌面的泡沫，依次擦拭桌面及桌子边缘。反复数次，保证将桌面及桌边的泡沫擦干净。教师让儿童观察海绵底部和桌子，感受刷洗桌子的效果。

12. 教师再次清洁海绵，用力挤干水，并将其放回碟子。

13. 教师将干布展开，右手掌心朝上放到干布的一个角上，将左边的角往右折，拇指压紧，右边的角往左折，拇指压紧，把最后一个角折到掌心，拇指压紧。

14. 教师用折好的干布按照从左往右、从上到下的顺序擦干桌子。

15. 教师用干布将桌面及边缘擦拭干净。

16. 教师将水桶从桌子下拿出来，将脏水倒入水桶，再将水桶放回桌子下面。

17. 教师将水壶里剩余的水倒入盆中，清洗刷子，用海绵清洁水盆内壁，同时清洗海绵，并把海绵里剩余的水挤出来，放回碟子内，并将水倒入水桶。

18. 教师将水桶内的水倒入水池。

19. 教师依次擦干水壶、盆，并放回托盘。用布将地垫擦干，并将其卷起来套好。

20. 教师更换干布以备用，并告知儿童在哪里取干净的干布。

21. 教师感谢儿童的参与与协助，让儿童观察和比较擦洗之前和之后桌子的变化，告知儿童如果看到桌面脏了，就可以按照教师示范的方法自己擦洗。

错误控制：

1. 没有把泡沫擦干净。

2. 水从盆中溢出来。

3. 涂的肥皂太多。

4. 洗完桌子后，未正确归置其他教具。

年龄：

三岁以上。

活动变化与延伸：

1. 让儿童擦洗教室中的其他家具，如椅子、门、地板、教具柜、墙壁等。

2. 在天气适宜的情况下，教师可以带领儿童到室外擦洗运动设施及玩具、教具等。

3. 在教师的指导下，儿童可以洗刷生活中其他需要清洗的物品。

4. 用不同类型、不同形状的布或海绵擦洗桌子。

示范点评

1. 教师要为儿童提供足够的肥皂和水，以保证儿童能够将桌子清洗干净。

2. 教师需注意，在洗桌子时要按照从上往下、从左往右的顺序进行，以培养儿童的秩序感。

3. 当儿童即将做完时，教师要回到儿童身边，看儿童是否需要帮助，为有需要的儿童示范如何收拾其他教具。

4. 教师需提醒儿童，擦和刷所用的方法是不一样的，教师可示范以帮助儿童区别。

5. 在儿童的实际生活中，擦桌子几乎每天都可以见到。儿童在观察了教师和家长的活动后，自己动手擦桌子将会是一次新的学习体验。"洗"的动作在生活中很多方面都有体现，教师应重视对儿童洗物品的指导和训练，以增强儿童的动手能力，培养儿童热爱环境的意识，使儿童能够正确、有效、有序地清洗物品，培养儿童照顾自己及环境的能力。

6 扫地

教具构成：

扫帚一把，托盘一个，标记物一个，放标记物的小碟子一个，长柄扫把一把，簸箕一个。

直接目的：

1. 指导儿童学习如何扫地。

2. 培养儿童扫地的能力和手腕、手臂协调的能力。

间接目的：

1. 使儿童学会使用各种生活用具，为儿童的独立生活做准备。

2. 培养儿童的清洁感和保持环境卫生、照顾环境的意识。

示范过程：

1. 教师按照上述要求准备教具。

2. 教师邀请儿童："今天我要带你进行一项新的工作，名称是'扫地'。"

3. 教师带领儿童到放置扫地工具的地方，伸出右手，手心在上，指向工具，教师向儿童介绍扫地的工具名称并示范拿扫帚的方法：右手在上，握住扫帚柄上三分之一的部位，左手在下，握住扫帚柄上三分之二的位置，每只手都是四指并拢，握住扫把一侧，大拇指握住另一侧，抓住扫把，轻轻地走到垃圾旁。

4. 教师在脏物品当中放一个标记物，或者拿粉笔画一个圈。右手在上、左手在下握住扫把，慢慢地把朝中心的标志物方向协调用力，按逆时针方向清扫垃圾。

5. 将垃圾扫成堆后，教师用左手握着扫把的把手，右手把缠在扫把上的头发等线状物扯掉，放到脏物品堆里，扫到簸箕内。

6. 教师双手握着扫把将其归位到教具放置区。

7. 教师向儿童示范拿簸箕和小扫帚。教师用左手拿起簸箕，并往上提，成倾斜状，使簸箕开口紧压地板，右手

用小扫帚将垃圾归拢后，将垃圾扫进簸箕中。为防止脏物品掉落，可以用小扫帚遮住簸箕口，将垃圾倒进垃圾桶内。重复以上操作直至将地面全部清扫干净。

8. 教师将全部垃圾倒进垃圾桶内。

9. 教师清理小扫帚：将小扫帚放回簸箕里，用右手将缠在小扫帚上的垃圾扯掉。用抹布擦干净簸箕，扫把和小扫把上的垃圾也要取下来，做到没有垃圾残留。

10. 教师邀请儿童按照示范的方法操作。

11. 地面清扫完之后，教师指导儿童将教具归位，并告知儿童要及时洗手，以保持手部清洁。

错误控制：

1. 地没有打扫干净，扫过后地上仍有垃圾残留。

2. 扫得太用力，颗粒物到处飞扬。

年龄：

三岁以上。

活动变化与延伸：

1. 让儿童打扫桌子上的垃圾，例如纸片、碎屑等。

2. 在扫地的基础上，让儿童使用适用于户外的扫帚，清扫户外的落叶。

3. 打扫户外沙池旁的沙子。

示范点评

蒙台梭利认为，儿童能够独立完成某项工作的同时，儿童的自我尊重和自信就可以得到发展。儿童在实际生活中，愿意模仿大人的行为，例如打扫、清洁、烹饪等，这样的实际生活练习能帮助儿童更好地照顾环境，适应生活。

1. 扫地是儿童实际生活中的一项常见的活动，是实际生活中卫生清洁的一个重要组成部分。让儿童练习"扫"的动作，有助于增强儿童的手部控制能力和手腕力量。

2. 教师指导儿童拿簸箕时，簸箕口要紧扣地面。

3. 教师在选择托盘时，注意选择盘面较深的，使物品不容易掉出，以便儿童取得成功。

4. 扫地与洗桌子、擦镜子等活动相互关联、相互促进，通过一系列相关活动和延伸活动的练习，有助于培养儿童照顾环境的意识和能力，养成按时打扫卫生的良好习惯，为儿童的独立生活做准备。

7 喂养金鱼

教具构成：

托盘一个，鱼缸一个，盛放鱼食的小碟一个，小勺一个。

直接目的：

1. 指导儿童照顾金鱼，为金鱼换水、喂食。

2. 培养儿童照顾动物的能力。

3. 培养儿童热爱动物的感情。

间接目的：

1. 培养儿童工作的独立性及有始有终的工作态度。

2. 培养儿童的清洁能力。

3. 丰富儿童有关鱼类的养殖知识。

示范过程：

1. 教师按照上述要求准备教具。

2. 教师邀请儿童："今天我要带你进行一项新的工作，名称是'喂养金鱼'。"

3. 教师引导儿童仔细观察鱼缸中的金鱼。

4. 教师用右手拿起勺子，握住勺子柄上部约三分之二的地方，用勺子从小碟内舀鱼食。

5. 教师将勺子轻轻移至鱼缸的正上方，将勺子缓缓地放入鱼缸内。

6. 教师将勺子稍稍倾斜，将鱼食倾倒入水中。

7. 教师与儿童一起观察金鱼吃食的过程。

8. 教师邀请儿童按照示范的方法操作。

9. 喂金鱼结束后，教师指导儿童将教具放回教具柜。

10. 教师将鱼缸放回原地。

错误控制：

1. 倾倒鱼食的方法不对。

2. 水更换的量不合适。

3. 金鱼有受伤或死亡的情况。

年龄：

三岁半以上。

活动变化与延伸：

1. 儿童练习养殖各式各样的金鱼或其他水生动物，并记住它们的名字。

2. 观察金鱼吃何种饲料，例如饭粒、面包屑、小蚯蚓、鱼饵料等。

示范点评

1. 儿童通过与金鱼亲密接触，可以养成其爱护动物的意识和情感，使儿童体会到独立喂养金鱼的成就感。

2. 教师需注意，给鱼换水最好使用备用水，因为直接来自水龙头的水含水锈及氯太多，不适合金鱼生活。

3. 教师向儿童介绍鱼类需要氧气的知识，因而可以为鱼缸加装供氧设备。

4. 教师向儿童介绍各种鱼的名称、生活环境及习性，帮助儿童增长关于鱼类的知识。

5. 教师示范时，鱼饲料不要一下给得太多，提醒儿童学会控制鱼的食物量。

6. 儿童在喂养小金鱼的过程中，初步学会科学喂养的方法，体验喂养小金鱼的趣味性，发展初步的动手实践能力。儿童同时学会如何尊重生命，确切地体会到动物和人类一样，拥有喜怒哀乐，也会害怕孤独，也需要大家的关心和爱护。当儿童体会到这样的感受后，便会对生活中各种事物产生莫大的同情和关爱，而不容易对他人做出攻击行为。

三、照顾自己

1 扣按扣

教具构成:

按扣衣饰框一个。

直接目的:

1. 指导儿童如何正确使用按扣。

2. 培养儿童按、抓的能力。

3. 锻炼儿童手部的控制能力。

间接目的:

1. 发展儿童的专注力。

2. 发展儿童的手眼协调能力。

3. 培养儿童的秩序感。

4. 培养儿童独立穿衣的习惯和照顾自己的意识,为儿童的独立生活做准备。

示范过程:

1. 教师准备一个按扣衣饰框。

2. 教师邀请儿童:"今天我要带你操作一项新的教具,名称是'扣按扣'。"

3. 教师面对按扣衣饰框，微微欠身，双手握住按扣衣饰框的边缘，两手都是大拇指在上、四指在下，握紧按扣衣饰框并将其取下，然后将按扣衣饰框托起至胸前，手臂朝腋下靠近，小臂弯成直角，水平地端着按扣衣饰框，以水平的动作轻轻地将其放到桌子中间，不要发出声音。

4. 教师将左手食指和拇指以二指捏的姿势捏住布的最上面，右手五指放在布的下面，按住按扣的凸部，左手往左上侧拉，稍稍用力打开第一颗按扣。

5. 教师用同样的方法打开剩下的按扣。教师按照从上往下的顺序一个一个地打开按扣，一直到最下面一颗按扣被打开为止。

6. 教师右手在上，左手在下，将右边的布向右打开，用同样的方法打开左边的布；双手配合将其抚平。

7. 教师将左边的布翻回，右边的布也翻回，双手配合把两边的布拉到中间将其合起来。

8. 教师从最上面一个按扣开始，将左手的食指、中指放在布上，拇指放在布下，右手的食指和中指压在下襟的按扣旁，将扣子的凹部与上襟的凸部重合，对齐扣眼，左手食指、中指用力按下去。

9. 教师注意观察儿童，当按完下面的两个按扣、确定儿童能自己完成之后，可以请儿童按照示范的方法按下面的一颗扣子。

10. 将所有按扣按完后，教师示范和指导儿童双手配合整理布料，将其抚平整。

11. 儿童完成操作后，双手水平端起按扣衣饰框将其送回教具柜。

错误控制：

扣子没有吻合，包括两种情况：一是凹部与凸部没有重合；二是凹部与凸部重合错位。

年龄：

三岁。

活动变化与延伸：

1. 让儿童尝试使用不同种类、不同大小、不同数量的衣饰框进行按扣的练习。

2. 让儿童练习解开和扣紧自己衣服上的按扣。

3. 给玩具娃娃扣衣服。

4. 解开和扣紧纽扣。

示范点评

1. 儿童每天要穿衣服、脱衣服，解开和扣紧按扣的练习对于儿童的实际生活极为重要。"按"的动作对儿童的手眼协调能力的发展具有重要作用。通过听到压按扣时发出的声音，儿童可以体验独立完成工作的成就感，增强其自信心。

2. 教师需注意，如果自己的右手是惯用手，要坐在儿童的右侧进行示范；如果左手是惯用手，要坐在儿童的左侧进行示范，这样儿童才能看得清楚，便于儿童观察和学习。教师可根据实际情况，进行相应的示范与指导。

3. 这项操作练习有助于儿童养成有序的生活习惯，增强照顾自己的能力。

2　扣纽扣

教具构成：

纽扣衣饰框一个。

直接目的：

1. 指导儿童如何解纽扣和扣纽扣。

2. 让儿童学会穿带纽扣的衣服。

间接目的：

1. 培养儿童的连续性动作。

2. 培养儿童工作的独立性及有始有终的工作态度。

3. 培养儿童独立穿衣的习惯，增强生活自理能力及照顾自己的意识。

示范过程：

1. 教师准备一个纽扣衣饰框。

2. 教师邀请儿童："今天我要带你操作一项新的教具，名称是'扣纽扣'。"

3. 教师邀请儿童一起走到纽扣衣饰框架前，示范取衣饰框的方法。教师面对纽扣衣饰框，微微欠身，双手握住衣饰框的边缘，双手都是大拇指在上、四指在下，握紧按扣衣饰框并将其取下，然后将纽扣衣饰框托起至胸前，手臂朝向腋下，小臂弯成直角，水平地端着纽扣衣饰框，以水平的动作轻轻地将其放到桌子中间，不要发出声音。

4. 教师伸出左手，用左手三指抓住纽扣的左半边，使纽扣稍稍倾斜。

5. 教师用右手的三指抓住扣眼的边缘，大拇指和食指放在扣眼边的衣襟上侧，中指放在下侧，先轻轻往右拉，然后再轻轻往回拉，使左手中的半个扣子穿过扣眼。双手配合将纽扣从扣眼中脱出来。

6. 教师用右手松开扣眼的边缘衣襟，用三指抓住穿出去的右半个纽扣。

7. 教师左手松开纽扣，三指抓住扣眼边的衣襟，将其轻轻往左拉，右手捏住右半个纽扣直至将其完全从扣眼中拉出来。

8. 教师用同样的方法，依次操作下面的纽扣，可以邀请儿童解开最后一个纽扣。

9. 教师伸出右手的三指，握住衣襟的上角，伸出左手的三指，捏住衣襟的下角，然后双手同时将衣襟往右翻。教师使用同样的方法，将衣襟的左半边往左翻。最后双手配合将衣襟两边拉到中间合起，并用手抚平。

10. 教师从第一个纽扣开始，伸出左手，用三指抓住扣眼的边缘稍稍往左翻。

11. 教师伸出右手，用三指抓住纽扣。

12. 教师用右手指一下对应的扣眼，并将纽扣轻轻穿过左手的扣眼。

13. 教师用左手捏住穿出扣眼的纽扣，往左拉。同时，教师右手松开捏着的纽扣，捏住扣眼边缘慢慢往右拉，双手配合直至整个纽扣完全出来。

14. 教师用同样的方法依次操作下面的纽扣，直至最后一个。教师指导和示范儿童双手配合整理衣襟，使其平整。

15. 教师示范完成后，请儿童按照示范的方法操作。

错误控制：

纽扣扣错了孔。

年龄：

三岁。

活动变化与延伸：

1. 让儿童尝试用不同种类、不同大小、不同数量的衣饰框进行解纽扣、扣纽扣的练习。

2. 让儿童练习扣自己衣服上的纽扣。

3. 让儿童给玩具娃娃扣衣服上的纽扣。

4. 连续进行解纽扣、扣纽扣的练习。

示范点评

蒙台梭利认为，照顾自己的生活练习，可以帮助儿童提高生活自理能力以适应现实生活，例如扣压纽扣、衣服和鞋帽的穿与脱等，这些都与儿童的实际生活密切相关。这项操作练习需要教师进行全面的示范。

1. 在实际生活中，扣纽扣的动作对于锻炼儿童的手部肌肉尤其是二指具有重要作用。教师应重视对儿童"扣"这一动作的示范和指导，发展儿童手眼协调的能力。

2. 教师需注意提供大小、数量合适的纽扣，以保持儿童操作的兴趣，使儿童容易获得成功。

3. 通过扣纽扣、解纽扣的操作，可以激发儿童的兴趣，积极参与其他类似的活动。

4. 这项操作练习可以引导儿童学习自己穿衣服，培养儿童照顾自己的意识，为儿童独立生活做准备。

3 扣皮带扣

教具构成：

皮带扣衣饰框一个。

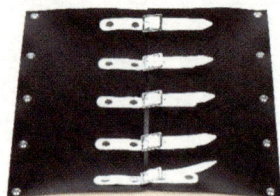

直接目的：

让儿童学习解开和扣住皮带扣。

间接目的：

1. 通过一系列连贯动作的练习，培养儿童动作的连续性。

2. 使儿童学会使用各种生活用具，为独立生活做准备。

示范过程：

1. 教师准备皮带扣衣饰框。

2. 教师邀请儿童："今天我要带你操作一项新的教具，名称是'扣皮带扣'。"

·解开（右手放在皮带尖端的位置）

1. 教师用左手握住扣环，用右手拇指、食指抓住皮带尖端向左推。

2. 教师用左手拿住皮带中间部分，将皮带从扣环中抽出。

3. 教师用左手捏住皮带尖端再向左拉。

4. 教师将右手食指向皮带孔旁边压下，用拇指和食指捏住扣卡子从皮带眼里拉出来。

5. 教师同时用右手压住扣环，左手向左拉，把皮带与扣环完全拉开。

6. 教师以同样的方法依次将其他的皮带扣都解开。

7. 将所有的皮带扣解开之后，教师示范和指导儿童双手配合整理布料，将其抚平整。

· 扣上

1. 教师用左手握住皮带尖端，右手握住扣环。

2. 教师用左手把皮带尖端伸进环内。

3. 教师反手把穿过的皮带用力向左拉。

4. 教师用右手对准皮带上的小孔，将皮带穿进去。

5. 教师用右手握住扣环，左手抓住皮带尖端从扣环的右端穿过。

6. 教师用同样的方法将其他的皮带扣都扣上。

7. 将所有皮带扣扣完之后，教师示范和指导儿童双手配合整理布料，将其抚平整。

错误控制：

针没有穿进带孔中。

年龄：

三岁左右。

活动变化与延伸：

儿童练习扣鞋子、皮夹、背包等上面的扣子。

示范点评

蒙台梭利认为，儿童通过实际生活练习学到的技能可以使其逐渐地自立。无论是扣纽扣，还是其他实际生活练习，都是在引导儿童主动参与工作，最终让儿童掌握相关的生活技能，教师要充分尊重儿童的独立性。

1. 皮带扣是儿童在实际生活中的一种常见的衣饰扣。儿童通过这项操作练习，可以培养其秩序感，提高儿童照顾自己的意识和能力。

2. 教师需提示儿童在操作练习中注意安全。

3. 在练习中，如果儿童难以独立完成，教师要给予适当协助。

4 系蝴蝶结

教具构成：

蝴蝶结衣饰框一个。

直接目的：

1. 让儿童学习如何系蝴蝶结。

2. 锻炼儿童的手部肌肉，尤其
是增强二指的灵活性。

间接目的：

1. 培养儿童手眼协调能力及对应的观察力。

2. 培养儿童工作的独立性及有始有终的工作态度。

3. 培养儿童的审美能力。

4. 帮助儿童养成独立穿衣的习惯以及照顾自己的意识。

示范过程：

1. 教师准备一个蝴蝶结衣饰框。

2. 教师邀请儿童："今天我要带你操作一项新的教具，名称是'系蝴
蝶结'。"

3. 教师示范并指导儿童取教具于桌面上。

4. 教师用左手食指和拇指捏一根红线，食指捏住红线下方，大拇指捏
住红线上方，右手食指和拇指捏住对应的蓝线，双手同时向左右两边拉，
按照从上往下的顺序依次拉开蝴蝶结。

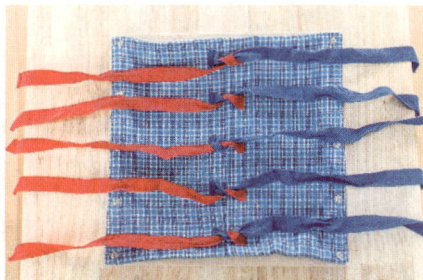

5. 教师用同样的方法拉开其他的蝴蝶结。

6. 教师用左手按住左边的布，用右手拇指和食指松开结，左边的红线往左拉，右边的蓝线往右拉，将每条带子沿水平方向拉直。

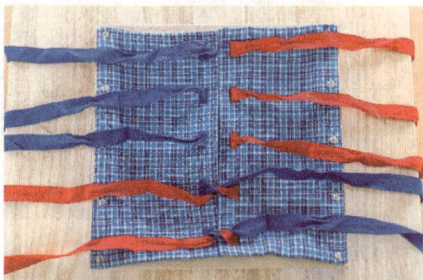

7. 教师使用同样的方法打开剩下的蝴蝶结，教师注意观察儿童，可以邀请儿童打开最后一个。

8. 教师用右手三指抓住右边布的上边角，用左手三指抓住右边布的下边角，打开右边的布，让布向右伸展开。用同样的方法打开左边的布，并用手将两边的布抚平。

9. 教师双手配合轻轻地合上左边的布，然后合上右边的布，将两襟合向中央。

10. 教师用三指捏的方式分别拿住结绳的两端，左手在上，右手在下，左右手交叉，将带子同时放下。教师此时使蓝线在上，红线在下，二者成交叉状。

11. 教师用左手三指按住结扣处，拿着红线一头从红线与蓝线交点处向左手拇指方向推，然后将红线从蓝线下边拉出。

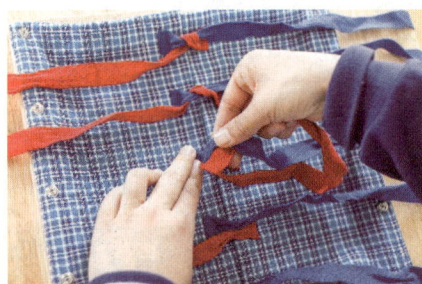

12. 教师用左手三指拿红线在衣饰框框上的点，用右手拿红线的中点处，做出拱圈。

13. 教师用左手三指拿拱圈，用右手拇指和食指捏住蓝线在框上的点，在拱圈处按照顺时针方向缠绕。

14. 教师将蓝线朝左手拇指的洞推进去，右手三指拿住红线推进去的地方拉，左手三指蓝圈。双手配合将蝴蝶结整理成型，使其更为美观。

15. 教师按照同样的方法系下面的蝴蝶结，最后一个教师可以让儿童进行尝试。

16. 教师邀请儿童按照示范的方法操作。

17. 将所有的蝴蝶结系完之后，教师示范和指导儿童双手配合整理布料，使其平整。

18. 教师收回蝴蝶结衣饰框，将蝴蝶结衣饰框归位。

错误控制：

1. 蝴蝶结太松或方向不正，不美观。

2. 蝴蝶结大小不一。

年龄：

三岁半以上。

活动变化与延伸：

1. 让儿童练习系自己衣服上的蝴蝶结。

2. 在操作蝴蝶结衣饰框的基础上，儿童在环境中练习类似的系蝴蝶结。

3. 儿童利用已系好的多个蝴蝶结对教室或衣物进行装饰。

示范点评

1. 在实际生活中，系蝴蝶结的难度相对要比开合按扣和解扣纽扣的难度大一些，系蝴蝶结是在其基础上对儿童提出的更高要求。教师指导儿童练习系蝴蝶结，有助于促进儿童手部控制能力的发展。

2. 教师需提醒儿童保持双手的一致性，以提高儿童系蝴蝶结的成功率，同时提高儿童双手的协调能力。

3. 教师需指导儿童把线从洞里顶出来。教师需提醒儿童注意要拉两个环以及拉的方向。

4. 这项操作练习可以提高儿童的动手能力和照顾自己的能力，培养审美能力和自己穿衣服的兴趣。

5　编结：X型

教具构成：

X型编结衣饰框一个。

直接目的：

1. 指导儿童如何进行X型编结。

2. 培养儿童解和编结的能力。

间接目的：

1. 培养儿童的连续性动作，帮助儿童养成秩序感。

2. 帮助儿童养成独立穿衣服的习惯以及照顾自己的意识。

示范过程：

1. 教师准备一个X型编结衣饰框。

2. 教师邀请儿童："今天我要带你操作一项新的教具，名称是'X型编结衣饰框'。"

· **解开**

1. 教师用双手的拇指和食指拉紧绳带两端，解开蝴蝶结。

2. 教师用右手将绳带从右侧孔中拉出，左手以同样的方法将绳从左侧孔中拉出，重复以上操作，直至将绳带完全抽出来。

3. 教师打开左右两襟，用双手抚平。

· 编结

1. 教师将左右两襟在中间合上，对齐。

2. 教师从最上面的左右两孔开始将绳带由里向外穿出。

3. 教师使左右两侧带子长度相同。

4. 教师将右侧的绳带从外向内地穿入左边第二个孔并拉紧，左侧的绳带以同样的方法穿向右侧的第二个孔。

5. 教师将通过左侧第二个孔的绳带换到右侧，改为由里向外穿出第三个孔。右侧的绳带也采用同样的操作方法。

6. 教师反复交互进行，直至完成最后一个。

7. 教师将绳孔全部穿完之后，双手配合打蝴蝶结。

错误控制：

没有编成X型。

年龄：

三岁。

活动变化与延伸：

儿童练习用其他物品进行X型编结。

示范点评

1. 儿童通过交叉穿绳孔，体会操作的乐趣。

2. 教师可在绳带中间打个结当作记号。

3. 这项操作练习可以培养儿童的动手能力和审美能力。

4. 通过这项操作练习，儿童会慢慢习得此种社会生活的技能，例如会系鞋带、打结、做简单的手工等。蒙台梭利认为，"儿童必须为社会生活方式做好准备"，作为教师，"我们必须在儿童为社会生活方式做好准备的基础上开始工作，并且必须吸引他们对这些社会生活方式的注意力"。

6　编结：一字型

教具构成：

一字型编结衣饰框一个。

直接目的：

1. 指导儿童如何进行一字型编结。

2. 精确儿童解和编结的能力。

间接目的：

1. 培养儿童手眼协调能力及对应的观察力。

2. 培养儿童独立穿衣的习惯及照顾自己的意识。

示范过程：

1. 教师准备一个一字型编结衣饰框。

2. 教师邀请儿童："今天我要带你操作一项新的教具，名称是'一字型编结衣饰框'。"

·**解开**

1. 教师用双手同时拉绳带两端，解开蝴蝶结。

2. 教师从最下面的孔开始，右手抓住一字型的带子中间，将绳带由孔中抽出。

3. 教师重复上述操作，直至绳带完全从孔中抽出来。

4. 教师将衣襟向左右掀开并抚平。

· 编结

1. 教师将两襟合在中央，用双手将其轻轻地抚平。

2. 教师将绳带从左襟最上面的两孔自外向里穿。

3. 教师用双手调整绳带的长度，使右侧的绳带稍微长一点。

4. 教师将右侧绳带由左边第二孔里侧向外穿出，再穿进右孔拉成一字型。

5. 教师将右侧的绳带放在左侧下方。

6. 教师将右侧第一孔的绳带拉向右侧第三孔，由里向外穿出，再穿左边孔，呈一字型。

7. 教师反复交叉依次进行。

8. 教师将两条绳带由里向外穿出，打蝴蝶结。

错误控制：

只使用一侧绳带编结。

年龄：

三岁。

活动变化与延伸：

儿童在其他物品上练习一字型编结。

示范点评

蒙台梭利认为："从整体上考虑我们的教育方法，我们必须在儿童为社会生活方式做好准备的基础上开始工作，并且必须吸引他们对这些生活方式的注意力。"不同类型的编结工作，都是对儿童实际生活能力的培养，同时也有助于提高儿童生活迁移能力的发展。

1. 儿童通过自己动手编结，使表面全部呈一字型，可以从中体会到操作的乐趣并感受独立完成工作的成就感。

2. 这项操作练习可以培养儿童的动手能力和审美能力。

3. 教师需注意，操作动作的分解要清晰、缓慢，示范要有连贯性，以便于儿童的学习与操作。

7 编结：V字型

教具构成：

V字型编结衣饰框一个。

直接目的：

1. 指导儿童如何进行V字型编结。

2. 精确儿童解和编结的能力。

间接目的：

1. 培养儿童的获得感与自信心。

2. 通过能力与动作的迁移与变化，增强儿童的连续性动作。

3. 提高儿童的生活自理能力。

示范过程：

1. 教师准备一个V字型编结衣饰框。

2. 教师邀请儿童："今天我要带你操作一项新的教具，名称是'V字型编结衣饰框'。"

·解开

1. 教师双手将绳带向左右两端同时拉，解开蝴蝶结。

2. 教师由最下面的孔开始左右交叉拉出绳带。

3. 教师将绳带从最上面的孔拉出。

4. 教师将两襟向左右掀开。

· 编结

1. 教师将两襟合向中央，用双手将其轻轻地抚平。

2. 教师从最上面的左右孔开始由里向外将绳带穿出。

3. 教师调整绳带，使两侧的长度相等。

4. 教师将两侧的绳带交换位置，再将右侧绳带由里向外穿过第二个孔。

5. 教师用同样的方法将左侧绳带穿过第二孔。

6. 教师将右侧的绳带穿左下孔，左侧绳带穿右下孔，都从里面穿出到表面。

7. 教师反复交叉进行，直至最下面的绳孔穿完为止。

8. 教师将绳带穿过最后两孔后，将绳带打蝴蝶结。

错误控制：

1. 只用一侧绳带穿孔，左右两侧的绳带长度不相等。

2. 绳带穿孔时表面没有形成V字型。

年龄：

三岁。

活动变化与延伸：

儿童用其他物品练习V字型编结。

示范点评

蒙台梭利指出，举止就好比行为的规则，这些举止的规则向他人表明，我们考虑到了他人和他们的需求。有了这些优雅和礼仪，允许在群体权益和个人权益之间产生巧妙的平衡，使双方都得以成功。优雅是心智与身体上的和谐一致，而礼仪是个人与社会群体的和谐一致。在一个蒙台梭利教室里，三至六岁的儿童开始进行有意识的优雅和礼仪的选择。

1. 儿童通过这项操作练习，可以从中体会操作的乐趣，感受独立完成工作的成就感。

2. 教师需注意，操作动作的分解要清晰、缓慢，示范要有连贯性，以便于儿童的学习与操作。

3. 蒙台梭利为儿童设计的这一套教具，大小是30×30厘米（较小的儿童使用28×28厘米教具）。木框内的两块布在中央相合。这些布上装有按扣、纽扣、丝带、拉链、皮带扣、安全别针等。使用时，教师要仔细地为儿童提示每个细微动作。

4. 儿童通过观察教师的细微的分解动作，学习各种解、系、扣的方法，可以锻炼手指的灵活性，进而适应实际生活。

5. 教师需注意对不同年龄阶段的儿童引入不同的衣饰框。

6. 这项操作练习有助于培养儿童实际生活中动作的熟练性和准确性；培养儿童在生活中的秩序感和独立性；帮助儿童养成自我服务、自我照顾的良好生活习惯。

8　切香蕉

教具构成：

托盘一个，桌垫一块，砧板一个，刀一把，盛食物的碗一个，小盘子一个，擦干布一块。

直接目的：

1. 指导儿童如何切香蕉。

2. 培养儿童切东西的能力。

3. 培养儿童使用手臂、手腕的能力。

4. 让儿童学习生活礼仪知识。

间接目的：

1. 发展儿童的手眼协调能力和观察力。

2. 提高儿童的自理能力，帮助儿童养成照顾自己和招待他人的意识。

示范过程：

1. 教师按照上述要求准备教具。

2. 教师邀请儿童："今天我要带你操作一项新的教具，名称是'切香蕉'。"

3. 教师指导儿童穿上围裙，教师也穿上围裙。教师与儿童一起去洗手。教师双手配合将桌垫铺展在桌子上，右手将其轻轻抚平。用双手水平地将托盘轻轻地放在桌垫上，将托盘内的教具轻轻地取出来，依次放在桌垫的适当位置。

　　4. 教师向儿童介绍刀的用法，示范如何正确拿刀，并提示儿童注意安全。

　　5. 教师指导儿童从小盘子内拿起香蕉，右手握住香蕉，四指并拢放在前侧，大拇指放在后侧，保持香蕉稳定，用左手从香蕉头部开始，将香蕉皮依次小心取下。儿童将取下的香蕉皮放入小碟子中。

　　6. 教师用双手将扒下来皮的香蕉轻轻地放在砧板上，横向放好，稍作停顿。教师用右手五指拿起刀子，握住刀柄，缓慢地将刀拿到香蕉上方，使刀子尖锐处朝下，刀柄朝上。教师左手三指轻轻地固定住香蕉的一头，右手轻轻地将刀刃按在香蕉上，切下第一刀。

　　7. 教师稍稍用力切下第一刀，在距离约2厘米处再切，依次将香蕉切成小段，每切一段都将其轻轻地放入小碗内。香蕉切完后，将刀子轻轻放在砧板上，刀刃向外。

8. 教师让儿童把香蕉皮扔到食物垃圾桶内。

9. 教师用干布将盘子、砧板、刀身擦净。

10. 教师将刀子、砧板、托盘、围裙等教具归位。

11. 教师和儿童一起至洗手区洗手。

错误控制：

1. 切香蕉时切到手。

2. 忘记剥香蕉皮。

3. 香蕉掉到桌面或地面。

4. 香蕉切不整齐。

5. 在切的过程中未保持干净，或因用力过大使香蕉受损。

年龄：

三岁以上。

活动变化与延伸：

1. 让儿童练习切其他食品，例如香肠。

2. 让儿童练习切不同的水果、蔬菜和点心等。

示范点评

　　蒙台梭利认为："我们习惯于为儿童服务，这不仅是一种对他们屈从的行为，而且是一种危险的行为，因为这往往会抑制他们有益的和自发的活动。"切食物是日常生活中的常见动作，但带有危险性，如果因为动作本身的危险性而不向儿童示范正确的动作，反而会阻碍儿童的正常成长。

　　1. 切食物是实际生活中一个常见动作。练习"切"这一动作有助于锻炼儿童的手部控制能力，培养儿童的秩序感。

　　2. 在练习前，教师向儿童示范刀的正确用法，告知儿童刀的危险性，保证儿童的安全。

　　3. 通过切香蕉的练习，可以培养儿童照顾自己和他人的意识，使他们感受分享的快乐。

　　4. 儿童通过参与家庭中的实际生活，成为家庭的贡献者，这会使儿童感到自己被需要、对家庭成员有价值，从而获得自信心与荣誉感。

9 制备食物

教具构成：

托盘一个，桌垫一块，砧板一个，牙签多根，刀一把，削皮器一个，盛食物的碗一个，盛垃圾的小盘子一个，干布一块。

直接目的：

1. 指导儿童如何切黄瓜，如何动手制备食物。

2. 培养儿童切东西的能力。

3. 培养儿童使用手臂、手腕的能力。

间接目的：

1. 发展儿童工作的专注力和细致的观察力。

2. 练习食物制备，为培养儿童学习生活礼仪和招待他人做准备。

示范过程：

1. 教师按照上述要求准备教具。

2. 教师邀请儿童："今天我要带你操作一项新的教具，名称是'制备食物'。"

3. 教师指导儿童穿上围裙，教师也穿上围裙。教师与儿童一起去洗手。

4. 教师请儿童取一根黄瓜。教师提醒儿童注意黄瓜头上的刺，保证儿童安全。

5. 教师向儿童介绍削皮器的用法并做示范。

6. 教师暂时停下，将削下的黄瓜皮放进盛垃圾的小盘里，重复操作，直至黄瓜皮被削完。

7. 教师将削好的黄瓜小心地放在碗内，向儿童示范正确的拿刀方法。教师右手拿刀，左手将黄瓜从碗内拿起放在砧板的适当位置，并用左手三指固定黄瓜的一头，用刀将黄瓜头切去。

8. 教师邀请儿童按照示范的方法操作。

9. 教师让儿童依次将黄瓜切成小段，每切一段，轻轻地放入盘子内，依次插上牙签。

10. 教师指导儿童用双手水平地端起盘子。双手都是四指并拢放在盘子下方边缘，大拇指放在盘子上方边缘，将其端到点心桌的适当位置并轻轻地放下，不要发出声音。

11. 教师请儿童品尝切好的黄瓜。

12. 教师示范并让儿童把垃圾扔到食物垃圾桶内。

13. 教师用擦干布将盘子、砧板、刀身擦净，并将刀子、砧板、托盘、围裙等教具归位。

14. 教师和儿童一起至洗手区洗手。

错误控制：

1. 削黄瓜时削到手。

2. 皮削得太厚或削不干净。

3. 削皮器掉落在地上。

4. 食物在制备过程中未保持干净，掉到桌面或者地面上。

年龄：

三岁以上。

活动变化与延伸：

1. 使用不同的器具制备食物。

2. 让儿童练习制备不同的水果、蔬菜和点心等。

3. 让儿童练习切软硬、大小、形状不同的多种食物。

4. 在制备食物的基础上，让儿童练习烘焙。

示范点评

实际生活练习具有"社会价值"，能够培养儿童的社会性，例如与人合作、分享物品、招待他人等，这些都可以帮助儿童养成与人交往的良好习惯，培养儿童的优秀品质。

1. 教师提醒儿童练习前需洗手，养成良好的生活习惯。

2. 教师需注意，如果有食物制备的工作，要考虑安排洗餐具的区域，以保证餐具和食物的洁净。

3. 食物不要准备过多，适量即可，帮助儿童形成节约食物的意识。

4. 教师需事先把物品准备好，不要让儿童参与准备过程，而是让儿童按照规定的方式摆放。

5. 教师需为儿童选择适合他们抓握的工具，要根据为儿童准备的水果而提供相应的工具，并示范如何正确使用这些工具，保证儿童工作过程中的安全。

6. 在切黄瓜的过程中，教师要将整个黄瓜的皮都削净，切片要均匀。

7. 制备食物完成后，儿童可以享用制成品，也可以邀请没有参与制作的儿童一起品尝，感受分享的喜悦。

8. 在活动中教师要注意自我反思，考虑该项工作是否真正实现了教学目的。

9. 制备食物是儿童在实际生活中经常见到的事情，通过制备食物的练习锻炼儿童的动手能力，提高儿童照顾自己和照顾他人的能力，使他们从中体会合作和分享的乐趣，获得完成工作的成就感。

10　捣花生

教具构成：

围裙一件，桌垫一个，装花生的容器一个，透明玻璃小碗一个，勺子一把，托盘一个，刷子一把，捣蒜器一套，毛巾一条。

直接目的：

1. 指导儿童如何捣花生。

2. 培养儿童手臂和手腕的协调能力。

间接目的：

1. 培养儿童的连续性动作。

2. 为培养儿童的自理能力奠定基础。

示范过程：

1. 教师按照上述要求准备教具。

2. 教师邀请儿童："今天我要带你操作一项新的教具，名称是'捣花生'。"

3. 教师向儿童示范如何穿围裙，同时指导儿童穿上围裙。

4. 教师从教具柜上取装有所需教具的托盘。

5. 教师将托盘以水平动作轻轻地放在桌子的右上角，不要发出声音。双手配合打开桌垫，用右手四指将其轻轻抚平。然后，将所有物品从托盘内取出，按照使用顺序轻轻地摆放在桌垫上。

6. 教师拿起勺子，舀起五六颗花生，倒入捣蒜器。教师用右手握捣锤，左手扶住捣蒜器外壁，保持捣蒜器稳定，右手稍稍用力将花生砸碎，重复几次捣花生的动作，直至将捣蒜器内的花生全部捣碎。

7. 教师用右手拿起勺子，从捣蒜器内舀出捣碎的花生，放至小碗内。教师重复上述操作，直至将所有花生都捣碎并盛到小碗中。

8. 教师用小刷子轻轻地把捣蒜器中的残余花生扫干净。

9. 教师用小刷子轻轻地擦拭捣蒜器内壁和捣锤，将其擦拭干净。

10. 教师把捣蒜器和小盘收回托盘并归位。

11. 教师邀请儿童按照示范的方法操作。

12. 教师提示儿童可以吃敲碎的花生或者跟小朋友分享工作成果。

错误控制：

1. 花生从容器中溅出，散落在桌上或地板上。

2. 花生没有捣碎。

3. 捣蒜器中有碎花生残余。

年龄：

三岁以上。

活动变化与延伸：

1. 让儿童练习捣碎其他的食物，例如各类果仁等。

2. 使用不同大小、不同形状的捣蒜器。

示范点评

　　蒙台梭利认为，实际生活练习的目的不仅在于指导儿童在生活中如何正确地使用工具，更为重要的在于培养他们独立地去应对周围的事物，并能在实际生活中承担一定的工作，融入生活并热爱生活。

　　1. 教师需注意，一次放入花生的量不要太多，以免儿童操作时将其溅出或难以捣碎。

　　2. 教师需为儿童示范捣花生的力度，因为该年龄阶段的儿童还不能较好地控制自己的力度。

　　3. 教师需指导儿童清理碎花生，培养儿童清洁的意识，养成讲卫生的良好生活习惯。

　　4. 在实际生活中，很多方面都体现着"捣"和"敲"的动作，这项操作练习对儿童手部肌肉和力量的发展起着重要的作用。通过练习捣花生，有助于增强儿童的动作协调能力，培养照顾他人、乐于与他人分享的意识。

四、优雅与礼仪

1 如何给人行方便

直接目的：

1. 指导儿童如何给人行方便。

2. 培养儿童的语言运用能力和人际交往能力。

3. 发展儿童的社会性。

4. 培养儿童的秩序感。

5. 培养儿童懂礼貌、讲文明的良好习惯。

间接目的：

1. 培养儿童与人交往的能力，促进儿童社会性的发展。

2. 通过生活礼节的练习，为儿童适应社会生活做准备。

示范过程：

1. 教师安排一块场地。

2. 教师邀请儿童："今天我要带你学习新的礼仪知识，名称是'如何给人行方便'。"教师邀请一名儿童当自己的小助手,并向儿童介绍示范内容。

3. 教师提出问题引发儿童思考："假如我们从教室想去别的区域时，有人挡住了我们的路，我们应该怎么做？"

4. 教师安排自己和儿童的站位，并向儿童说明情境。教师伸出右手，轻拍一下挡路者的肩膀，并说："请问我可以过去吗？"

5. 儿童微微侧身，与教师对视，并说"可以啊"。然后，儿童做出"让一下"的动作。教师微笑着与儿童对视，向前两步走，并说"谢谢"。

6. 教师邀请儿童试一下。教师可与儿童交换身份，也可以选择其他两名儿童练习，教师观察指导。

7. 教师指导儿童：当我们在教室里想去别的区域的时候，有人挡住我们的路，可以按照刚才教师示范的那样去做。

8. 教师引导儿童轮流按示范的方法练习。

错误控制：

1. 声音过大。

2. 语言与动作配合不当。

3. 语言态度不诚恳。

4. 双方没有眼神交流。

年龄：

三岁以上。

活动变化与延伸：

1. 请求者与挡路者身份交换。

2. 增加人数，让儿童练习从多人身边借过。

3. 在借过的基础上，让儿童练习与他人打招呼或告别等日常礼仪。

示范点评

儿童可以从实际生活练习中习得实际生活礼仪，学会如何与人交往，为儿童更好地适应社会生活做准备。

1. 教师需注意在练习时把重点放在语言上。儿童具有向师性，因此，教师要在表达方面给儿童树立榜样。例如，表达感谢、道歉以及向他人介绍朋友等，只要符合礼仪文化即可。

2. 如何给人行方便是社交行为中重要的内容，教师应利用实际生活中合适的时机让儿童多次练习，以培养儿童的社交能力，使儿童养成懂礼貌的品德。

2 如何开门和关门

教具构成：

一扇门。

直接目的：

1. 让儿童学习如何开门和关门。

2. 培养儿童的动手能力，培养儿童抓握的能力。

3. 培养儿童的生活礼仪。

间接目的：

1. 帮助儿童养成尊重他人独立空间的好习惯。

2. 发展儿童的社会交往能力。

示范过程：

（一）开门

1. 教师带领儿童到教室的门口处。

2. 教师邀请儿童："今天我要带你学习新的礼仪知识，名称是'如何开门和关门'。"教师请几个儿童站到门边不会被门碰到的地方，向儿童示范如何开门。

3. 教师请儿童站到左侧，教师站在右侧靠近门的地方。教师将右手四指轻轻地插入把手，大拇指放在门把手可转动处，握住门把，左手自然下垂而不扶门框。

4. 教师用右手微微用力，将把手往下压，同时轻轻地向外拉，将门打开。

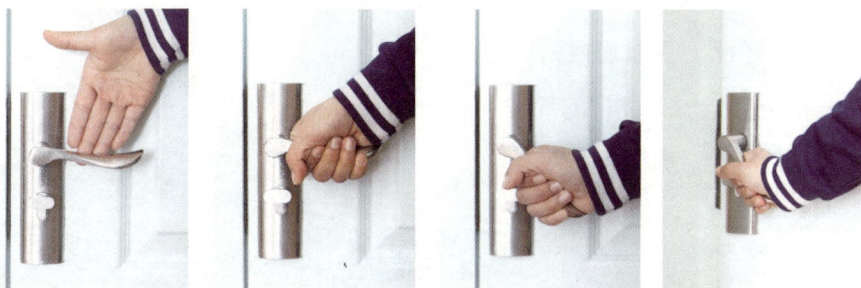

5. 教师将门全部打开，右手松开把手。

（二）关门

1. 教师用右手四指轻轻地插入把手，大拇指在上，放在把手的可转动处，握住门把，将门缓缓地往身体方向拉，拉到与另一扇门或门框重合处并向下轻压把手，继续拉门，直至门合上，不要发出过大的声音。

2. 教师邀请儿童依次尝试，并提示儿童注意安全，不要挤到手。

3. 教师指导儿童："你们现在知道如何开门和关门的方法了，生活中可以试一试。"

错误控制：

1. 有噪音。

2. 脚碰到门。

3. 手指被夹到。

年龄：

三岁以上。

活动变化与延伸：

1. 让儿童练习开、关各种不同的门，例如单扇门、双扇门、落地窗式推拉门等。

2. 让儿童练习用钥匙开门和关门。

3. 练习开、关抽屉或橱柜。

4. 在学会开、关门的基础上，让儿童练习将开、关门与礼貌用语结合起来，培养儿童的生活礼仪。

示范点评

1. 开门和关门在实际生活中是一项重要而普遍的练习，练习开、关门不仅有助于培养儿童的身体协调能力，而且能培养儿童有序、礼貌、保持安静的生活习惯。

2. 教师需注意，开门和关门的时候不要发出很大的声音。

3. 教师在开门和关门时，身体要随着门的移动向前或向后移动。

4. 教师准备的门，以及门把手的尺寸、位置高度需适合儿童操作，便于儿童获得成功。

5. 教师需提醒儿童，练习开门和关门时要注意安全，不能夹手；同时提醒儿童，如果想到别人房间去，首先应该先敲门，得到允许后再开门进入。

3 如何坐在桌子边

教具构成：

桌子一张，椅子一把。

直接目的：

1. 指导儿童如何坐椅子。

2. 培养儿童优雅的礼仪。

3. 发展儿童的手部动作。

4. 培养儿童正确的坐姿。

间接目的：

1. 培养儿童良好的身体协调能力，为以后社会生活做准备。

2. 培养儿童的人际关系，提高儿童的社会性。

示范过程：

1. 教师准备桌子和椅子，将椅子放在桌子的旁边。

2. 教师邀请儿童："今天我要带你学习新的礼仪知识，名称是'如何坐在桌子边'。"

3. 教师做简单的铺垫："我要给你们示范如何坐椅子。"教师向儿童说明情境，描述要做的事情。

4. 教师和儿童轻轻地走到桌子旁边，教师弯下身子，稍稍用力抓椅背，双手配合轻轻地提起椅子，将椅子从桌底挪出。

5. 教师双手松开，直起身体，向前走两步绕到椅子前面，身体微微前倾，用手压住裙子等宽大的衣物，轻轻地坐在椅子上。

6. 双手分别扶住椅子两侧，将椅子适当向前挪，找到舒服的姿势，双手松开椅子，恢复自然的状态。教师背挺直，腰部微微贴住椅背坐好，将膝盖合拢，双手自然地放在大腿上，调整坐姿。

7. 起身的时候，教师双手分别扶住椅子两侧，将椅子适当向后挪，保证身体能够顺利站起来。

8. 教师起立时双手轻压椅子，撑起身体，缓缓地站起身，将衣服整理好，向后走两步绕到椅子后面，双手抓握椅背，将椅子轻轻地向前挪至桌子下面。教师缓缓地直起身体，恢复自然状态。

9. 教师邀请儿童用示范的方法操作。

错误控制：

1. 椅子拿出、推进时发出噪音。

2. 椅子放置的位置不合适或未与桌面保持一定距离。

年龄：

两岁以上。

活动变化与延伸：

让儿童练习坐不同种类和大小的椅子。

示范点评

　　行走、站立、坐的练习通常在儿童刚入园时进行，一般采取近体活动的形式，动作较简单，基本不需要教具。"近体原则"可分为时间近体原则、空间近体原则、心理近体原则和活动近体原则。这里的近体活动原则是指教师适时地让儿童在自己动手动脑中寻求发展，在实践中进行体验和回味，以达到知、情、意、行的统一，真正实现从传统的以教师为中心向以儿童为中心的转变。一方面，这些全身的运动可以帮助儿童平衡肌肉动作，是所有活动的基础；另一方面，初入园的儿童尚未和教师建立良好的信任关系，这些活动可以减轻儿童单独面对老师时的不安全感。同时，儿童通过端正的行走、挺直的站立、优雅的入座等动作，可以学习到基本的礼仪和行为规范。

1. 教师需引导儿童采用相互尊重的交流方式。在充满自由的教室环境中，儿童的意志受到挑战，既要保证自己作为个体的尊严，又要尊重群体。当儿童选择安静地放下一把椅子，或是绕着走过其他人工作的空间的时候，他表现出的控制力开始扎根于其自我控制能力中，也体现出个人的意志力。所以，每当儿童接受了这个挑战，他的意志都获得了一个小小的胜利，他开始意识到自己在整个人类社区中的责任。

2. 教师要提醒儿童，将椅子拿出、推进的时候不发出噪音，尽量保持环境安静。

3. 教师放置椅子时，在椅子与桌子间留有一定距离，以方便儿童坐下或站起来。

4. 教师在准备教具时，可以多准备一些椅子，桌子旁边的椅子尽量不被占用。

5. 教师向儿童教授优雅与礼仪的课程时，最好坐下来，同时配合动作和手势，使儿童更加容易理解和接受。

6. 教师要根据椅子的不同类型，调整搬椅子的方法。

4　如何打招呼

教具构成：

椅子一把。

直接目的：

1. 指导儿童如何和他人打招呼。

2. 儿童学习实际生活的礼节。

间接目的：

1. 培养儿童的口头表达能力，促进儿童的语言发展。

2. 培养儿童良好的秩序感和社会性。

3. 培养儿童与人交往的能力。

示范过程：

1. 教师准备一把椅子。

2. 教师邀请儿童："今天我要带你们学习新的礼仪知识，名称是'如何打招呼'。"

3. 教师请一名儿童当自己的小助手，介绍示范内容，向儿童说明情境并描述要做的事情："我们班来了几个新同学。当你进入新的班级的时候，你可以跟别人打招呼。我现在示范给大家看。"

4. 教师向儿童示范如何握手。教师以端正的姿势挺胸站立，慢慢地靠近握手的对象，伸出右手，手心向上。小助手同样伸出右手，轻握对方的右手，微笑着注视对方。

5. 教师向儿童示范如何站立行礼。教师与小助手相遇，教师抬头挺胸直立，双手自然向两侧下垂，双脚自然成60度角。教师微笑地看着小助手，头慢慢低下与小助手互相注视，并说："你好，我叫某某，很高兴认识你。"小助手同样轻轻地抬头微笑地看着教师，并说："你好，我叫某某，也很高兴认识你。"小助手此时挥手回应教师。

6. 教师指导儿童："当新的小朋友来到班级时，同学们都可以像老师示范的这样和他们打招呼。"

错误控制：

1. 没有微笑。

2. 没有站好就行礼。

3. 未看对方眼睛。

4. 声音过大。

5. 儿童羞涩，没有办法开口进行表达。

年龄：

三岁。

活动变化与延伸：

1. 变换儿童打招呼的内容，例如让儿童向他人表示感谢或向他人道歉等。

2. 儿童学习不同时间的问候语，如"早安""午安""晚安""再见""明天见""您回来了"等。

3. 让儿童了解与学习不同国家打招呼的方式和语言，例如欧美国家用"Hello!"等。

4. 让儿童练习向他人介绍自己的朋友。

5. 让儿童练习和他人告别的方式。

6. 改变打招呼的方式。可以采取巡回演出、故事导入或者角色扮演的方式让儿童练习打招呼。

示范点评

儿童阶段可塑性强，容易接受新信息，因而儿童期是了解社会、学习各种礼仪的理想时期，更是文明礼仪习惯养成的最佳时期。对儿童进行礼仪启蒙教育，培养儿童的个性、社会性及良好的道德品质，对儿童今后的学习乃至整个人生都会产生积极而深远的影响。

1. 打招呼是儿童实际生活和礼仪方面的重要组成部分，因此，教师应重视对儿童打招呼的指导和示范。通过练习打招呼，帮助儿童养成讲文明、懂礼仪的良好习惯，提高儿童的人际交往能力。

2. 教师需注意打招呼练习的重点在于语言。儿童具有向师性，因此，教师要给儿童做语言表达方面的榜样。

3. 教师需注意，打招呼的练习并没有固定的时间和场所，只要合适，任何时间都可随机进行教学。

4. 在打招呼的具体礼仪方面，教师要告知儿童，是否拥抱要根据地域习俗而定，即便拥抱，双方也要保持适当的距离。

5. 儿童优美的姿势、微笑的表情，可以增进师生与儿童间的感情，形成和谐的课堂氛围。

5 应答的方法

直接目的：

1. 帮助儿童学习交往的礼节。

2. 培养儿童的人际交往能力。

间接目的：

1. 通过生活能力和技能的练习，把儿童培养成适应社会生活的人。

2. 帮助儿童养成秩序感。

示范过程：

1. 教师安排工作区域。

2. 教师邀请儿童："今天我要带你学习新的礼仪知识，名称是'应答的方法'。"

3. 教师请儿童依次坐下，教师点名（一次叫一名儿童的名字）。

4. 教师提醒儿童，当被叫到自己的名字时，要用清晰的声音回答"哎"或"到"，音量要使对方能够听到。

5. 教师按一定顺序以"一叫一答"的方式进行。

6. 儿童听到自己的名字后及时回答，回答时要看着老师的眼睛，教师以温柔的表情看着回答的儿童。

错误控制：

1. 被叫到后没有回应。

2. 回答时没有看对方的眼睛。

3. 等待叫名字的儿童没有保持安静。

年龄：

两岁以上。

活动变化与延伸：

1. 教师与儿童互换身份。

2. 儿童之间相互练习。

3. 每天早晨点名时给予儿童练习的机会。

4. 教学延伸

语文：玩肃静游戏时，教师可拿出姓名卡，看到自己名字的儿童以举手的方式表示"到"。

文化：教师向儿童介绍各国、各地区不同的应答方式。

体能：蒙上眼睛凭应答声音寻找对方的位置，了解应答的重要性。

示范点评

社交行为是人类在生活中必要的礼仪和规则。儿童入园后要进行实际生活的社交行为练习，例如打招呼、接待他人、致谢、道歉等。在由这些元素构成的环境中，各种练习的顺利进行可以帮助儿童建立更好的人际关系，培养儿童独立自主的性格。这部分练习不需要教具，并具备一定的差异性。约两岁半至三岁的儿童一旦进入"儿童之家"这个陌生的环境，认识到自己与他人同时存在后，需要建立和他人的信赖关系。

1. 教师需注意用表情对儿童进行暗示。

2. 这项操作练习有助于培养儿童良好的社交礼仪，为儿童日后融入社会生活做准备。

3. 这项操作练习有助于儿童熟知自己和同伴的姓名。

6 倒茶的方法

教具构成：

托盘一个，盛热茶的茶壶一个，
茶碗一只。

直接目的：

1. 让儿童学习如何倒茶。

2. 培养儿童良好的礼仪习惯。

间接目的：

1. 培养儿童手眼协调能力及对应的观察力。

2. 提高儿童的生活能力和技能，培养儿童的社会性。

示范过程：

1. 教师按上述要求准备教具。

2. 教师邀请儿童："今天我要带你学习新的礼仪知识，名称是'倒茶的方法'。"

3. 教师取出教具，并放在桌面上。

4. 教师伸出左手，将左手三指缓缓伸入茶壶的把中，右手轻轻地放在茶壶右下侧，双手配合将茶壶轻轻地端起。

5. 教师将茶壶轻轻地移至茶碗的上方，将茶壶稍作倾斜，将茶倾倒入茶碗内，至八分满为止。

6. 教师将茶杯放在对方面前，放在小茶托的前方。教师用右手拿起茶杯，用左手托茶杯下方，轻轻地端给对方。

7. 对方礼貌地接受，两个人都微笑点头。

8. 接受者对献茶者表示感谢。

错误控制：

1. 水从杯中或壶中洒出。

2. 茶壶或茶杯烫到手。

3. 没有注视对方的眼睛。

4. 动作没有与语言相结合。

年龄：

两岁以上。

活动变化与延伸：

1. 让儿童练习为多人倒茶。

2. 让儿童练习端不同的茶杯、使用不同的茶壶。

3. 让儿童练习为他人端汤、端饮料等。

4. 举办茶会让儿童体会礼仪的重要性。

示范点评

1. 倒茶是实际生活中重要的活动之一。奉茶是我国传统文化的重要内容，让儿童练习倒茶，可以锻炼儿童的手眼协调能力，培养儿童的专注力，体会我国的茶文化。

2. 在倒茶时，教师需提醒儿童注视对方的眼睛。同时，教师在示范倒茶的动作时，速度要缓慢，动作要清晰，提示儿童不要将茶水溅出或洒到别人的身上。如果茶水溅落，要及时用纸或抹布擦拭干净。

3. 教师需注意，捧茶的方法依国情不同而有所差异。

4. 这项操作练习有助于培养儿童良好的礼仪习惯，提高与人交往的能力。

7 如何传递尖锐物品

教具构成：

剪刀一把，托盘一个。

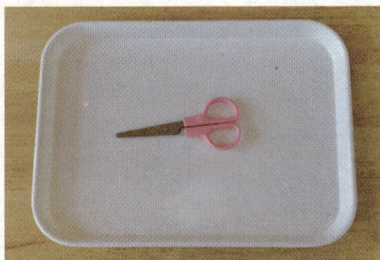

直接目的：

1. 指导儿童如何正确、安全地传递尖锐物品。

2. 培养儿童手臂、手腕的协调能力。

3. 培养儿童养成良好的生活礼仪。

4. 儿童学习安全措施及保护自己不受伤害。

间接目的：

1. 提高儿童的生活能力和技能。

2. 培养儿童良好的人际关系意识，促进儿童社会性的发展。

示范过程：

1. 教师按照上述要求准备教具。

2. 教师邀请儿童："今天我要带你学习新的礼仪知识，名称是'如何传递尖锐物品'。"

3. 教师向儿童说明要做的事情："今天我来示范一下如何传递像剪刀这样尖尖的物品。"教师邀请一位小助手，教师用右手拿剪刀，刀尖朝向自己，另一头朝向对方，以保证安全。

4. 儿童用双手接过剪刀，同时向传递者道谢。

5. 所有儿童传递结束后，教师进行总结归纳。

6. 教师收回剪刀并将其轻轻地放回托盘，将全部教具归位。

错误控制：

1. 剪刀或容器掉落。

2. 剪刀拿反了。

3. 发出很大的声音。

4. 伤害到别人或自己。

5. 与对方距离太近。

年龄：

三岁以上。

活动变化与延伸：

1. 让儿童练习传递针、小刀、铅笔等。

2. 练习互赠礼品等。

示范点评

蒙台梭利认为，教师需持续不断地做示范。在儿童的自我学习过程中，教具的操作方法是最重要的一环。教师需要反复示范教具的操作，因为儿童容易忽视身边的物品，即便注意到也猜不到其用法。例如，给人递尖锐的物品或刀叉的使用，因为没有见过正确示范，他们可能觉得这些物品非常有趣。因此，教师在教学过程中，需要持续做示范。

1. 在进行传递尖锐物品的工作前，教师要告知儿童该项工作的危险性，以保证儿童的安全。

2. 通过让儿童学习和练习如何正确地传递尖锐物品，增强儿童的安全意识，促进儿童的社会性发展。

3. 通过这项操作练习，使儿童学会自我管理、自我控制、自我保护，为日后的发展以及学会生存打下基础。

8 轮流使用户外游戏器材

教具构成：

秋千、滑梯、攀登架、跷跷板等户外游戏器材。

直接目的：

1. 让儿童懂得互相谦让。

2. 让儿童学习如何与他人交往。

3. 培养儿童良好的礼仪。

间接目的：

1. 培养儿童的谨慎思维能力，提高儿童的安全意识。

2. 培养儿童的秩序感与社会性。

示范过程：

1. 教师将儿童带领至户外游戏设施旁，向儿童介绍游戏设施名称和游戏规则。

2. 教师邀请儿童："今天我要带你进行一项新的练习，名称是'轮流使用户外游戏器材'。"

3. 教师请所有儿童站在秋千两侧（与秋千保持一定的距离）。教师请第一个儿童坐在秋千上。

4. 教师向儿童示范正确的坐法、荡秋千的方法、手握的位置以及脚的位置。

5. 教师向儿童讲解靠近摇荡中的秋千会有哪些危险。

6. 教师提醒儿童不要站在秋千的前面或后面，而应站在两侧等候。

7. 教师提示儿童，大家轮流进行荡秋千的游戏。

错误控制：

1. 儿童不遵守秩序。

2. 儿童受伤。

3. 儿童之间争抢、吵闹。

年龄：

两岁以上。

活动变化与延伸：

1. 日常应用：轮流使用教室中的教具、玩具、水池、厕所等。

2. 教学延伸

感官训练：儿童蒙上眼睛听教师的口令做动作，培养儿童的耐性；儿童戴上眼罩感受危险，理解危险的含义。

体能：儿童有序参与各种户外游戏活动。

示范点评

1. 教师需注意让儿童轮流使用各种户外游戏器材，体会互相谦让和有序带来的秩序感。

2. 儿童在使用户外游戏器材时，教师应区分儿童的个别差异，以保证安全。

3. 教师需仔细检查户外游戏器材有无破损，及时排除潜在的危险。

4. 儿童具有向师性，教师用自身的言行影响儿童，为儿童树立榜样。

5. 玩户外滑梯时，教师需提醒儿童，要等到前面的人滑下并离开后才可以接着滑。

6. 这项操作练习有助于培养儿童养成互相谦让的文明礼仪。

9 团体游戏的规则

教具构成：

依不同的游戏使用的不同用具，例如球、手帕、椅子等。

直接目的：

1. 让儿童意识到参与团体游戏时需要遵守规则。

2. 培养儿童的秩序感。

3. 培养儿童优雅的行为习惯。

间接目的：

1. 培养儿童的社会性。

2. 培养儿童的自制力与表现力。

3. 培养儿童的互助精神，提高儿童人际交往的能力。

示范过程：

1. 教师根据活动需要准备教具。

2. 教师邀请儿童："今天我要带你进行一项新的练习，名称是'团体游戏的规则'。"

3. 教师安排儿童与自己面对面或围成圆圈。

4. 教师提示儿童听别人说话时应注意：

（1）看着说话的人，注视他的眼睛。

（2）安静地听对方把话说完，不要做小动作。

（3）不了解游戏规则时，要先举手再发问。

5. 教师提示儿童自己说话时应注意：

（1）看着听话的人。

（2）说话要尽量简洁明了，声音响亮。

（3）仔细观察听者的反应，必要时需重复表达一次。

错误控制：

1. 不能安静地听别人讲话。

2. 和周围的人说话、打闹。

3. 团体游戏时违反规则。

年龄：

两岁以上。

活动变化与延伸：

1. 教学延伸

（1）遵守规则。例如，从某一个儿童开始按顺序轮流玩；积极参与游戏，不可随便做自己的事；愉快地玩，输了之后不可生气；对方游戏时也要为其加油；不破坏朋友之间的感情等。

（2）节日集会时，教师对表演的节目进行指导；开展远足、参观、郊游等户外活动时，指导亲子游戏。

（3）可以在游戏时加入童谣。

（4）让儿童自己设计活动时，每一个细节都要提出合理的要求。

示范点评

　　保持秩序是教师在教学过程中需时常提醒儿童注意的，但教师指导儿童保持秩序并非是一种强迫儿童接受的结果，而是需要让儿童了解保持秩序带来的好处。采用集体主义的原则，让儿童了解保持秩序是维系集体活动的前提。这样，儿童会慢慢地从无序行为过渡到自发的有序行为。

1. 学习团体游戏的规则是规范儿童日常活动的重要活动之一。这项操作练习帮助儿童学会倾听别人说话，在自己说话时也要遵守规则，有助于儿童从小懂得礼节。

2. 使用球、椅子、手帕等用具时，教师要清楚地向儿童说明其用途和意义。

3. 当儿童之间发生纠纷时，教师在必要时协助解决，且要把握机会。

4. 教师说话要简洁明了，按照团体游戏规则进行。

5. 这项操作练习有助于培养儿童在团体活动中的语言表达力，为儿童参加社交活动奠定良好的基础。

五、动作发展

儿童通过反复做线上行走的练习，可以大大提高手脚协调平衡前进的能力，在行动中探索知觉，通过知觉寻找平衡。通过肢体的运动来感受世界，获得正确的平衡方法。通过肃静练习，儿童在精神上感到镇静和安宁，从而对焦躁和混乱产生自然的排斥。在此过程中儿童感受各种声音，学会安静，学会倾听，学会尊重他人。这项操作练习使儿童产生自控力，这是其成长过程中能够经常自省的基础。

（一）线上行走练习

1. 线上行走练习的意义

当猿人直立行走将四肢分成手和脚并能用手进行劳动时，终于从本质上脱离低等动物的特征，发展成人类。如果说手的运动是人类智能发展的关键的话，那么手脚协调运动更进一步促进了人类心智的完善。

蒙台梭利指出："儿童掌握行走的能力，靠的不是等待这种能力降临，而是通过学习行走获得的。学会行走，对儿童来说是第二次诞生，这时他从一个不能自助的人变成了一个积极主动的人。成功迈出这一步是儿童正常发展的主要标志。"

儿童在一岁左右就会迈出他的第一步，这是一种本能，也是个人意志力的体现。在他跨出人生第一步后，他的活动范围与生活范围不再囿于狭小的、受限制的空间，他开始学会步行去寻找他感兴趣的事情，用手去探索各种事情的缘由并试图思考解决问题，可以说步行练习是人类动手操作与智能活动的基础。

从开始行走到六岁之间的行走练习是为了让儿童能够手脚协调地平衡运动。为了达到这一平衡运动的目标，蒙台梭利在教室中画线，让儿童在线上把一只脚的脚尖与另一只脚的脚跟相触，并且两脚同时踩在线上，因为这种脚跟挨脚尖双脚交互在线上前进的状态很容易失去平衡，所以，让儿童通过反复做线上行走的练习，可以大大提高儿童手脚协调、平衡前进的能力。

此外，我们会发现成人和儿童行走的目的是不同的。成人是为了某种目的而行走，为了到达目的地以最快的速度带着律动和机械化的步子前进，但是，儿童是为了行走机能的发展而行走，只是从容地走、慢慢地走，没有律动却在探索知觉，在此过程中通过知觉寻找站立的平衡。平衡的感觉不只体现在肌体反应上，更是培养儿童心理发展的重要因素。儿童通过肢体的运动感受身边的世界，他们通过内化的过程逐渐形成心理变化。在未来的生活中运用幼年时获得的平衡概念面对社会和任何难以使心理平衡的事情，通过运用在平衡感觉的训练中总结提取的相关概念和方法解释身边的世界，从而达到人格的健康发展。因此，在儿童生活的环境中，教师有必要设置各种行走练习的场所并加以指导和协助。

蒙台梭利强调说："线上行走的意义就是能获得正确的平衡方法，同时也是各种运动的基础，这就是行走。"今天，我们通过心理分析得到的结果更加使我们确信行走练习对儿童的成长发展起着非常重要的作用。

2. 线上行走的实施条件

当儿童已习惯周围的环境并对教师产生信赖感时，教师便可以引导儿童进行线上行走的练习活动。

3. 线上游戏练习的实施

线上游戏的练习是根据行走练习发展出来的练习方法。行走的方法和线上行走的方法相同，但要注意利用线的内圈和外圈。练习中需要使用许多教具，目的是使儿童在行进间集中注意力，进一步掌握平衡，因此，应特别考虑使用的顺序。线上游戏顺序性如下所述：

（1）手持易倾斜的物品做线上行走——旗子。

（2）手持会摇晃的物品做线上行走——珠子。

（3）手持会掉落的物品做线上行走——汤匙和玻璃珠。

（4）手持会破裂、会洒的物品做线上行走——玻璃杯盛色水。

（5）手持会发出声音的物品做线上行走——铃铛。

（6）手持会熄灭的物品做线上行走——点燃的蜡烛。

（7）手持会崩倒的物品做线上行走——积木、书籍。

（8）手持会翻倒的物品做线上行走——篮子和水果等。

1 走线

教具构成：

标准的蒙台梭利教室里应该画一个椭圆形的圈，它类似于一条跑道，两边为直线，两头为弧线。在教室允许的范围内，可用胶带在地板上贴出一个宽约5厘米的白色或彩色的椭圆形的圈。如果教室很大的话，这条线应该在教室的一侧，而不是中间。

直接目的：

1. 培养儿童行走机能的平衡感觉。

2. 训练儿童优雅的走路姿态和仪态。

3. 发展儿童的精细动作。

间接目的：

1. 培养儿童的注意力。

2. 培养儿童的意志力和自我控制能力，为儿童的肃静练习做准备。

3. 培养儿童的距离感。

4. 发展儿童的忍耐力。

5. 作为肃静练习的间接准备。

准备过程：

1. 教师准备走线练习的场地。

2. 教师做好走线练习前的准备。

（1）直线和缓和的曲线所构成的类似椭圆形的步行线，画在室内（活动室或在韵律室的中心）。

（2）行走线最好以白色或蓝色标出，许多幼儿园为了便于教师管理和吸引儿童注意力，使用红色。这一点应该根据班级的统一色调来调整，达到协调即可。

（3）线的宽度要配合儿童的脚，以3至5厘米为宜。

（4）行走线分内外两圈，两线间隔1米为宜。内圈行走练习；外圈供线上游戏使用。

（5）练习之前搬开会成为障碍物的道具、教具、家具等。

示范过程：

1. 教师将两至三名儿童分为一组，请儿童在行走线附近集合。

2. 教师在线上为儿童做行走示范，请儿童仔细观察教师走路，在行走过程中教师将两手自然下垂，眼睛正视前方，稳住重心慢慢地一步一步前进。

3. 教师邀请儿童："现在请你们像老师这样在线上走，好吗？"教师示范儿童左脚跟靠住右脚尖，轻轻地落地之后再换脚，两脚以同样的步态交互前进。

4. 教师提醒儿童要保持身体的直立，要昂首、挺胸、收腹，充满自信。

5. 教师提醒儿童，按顺时针方向行走，后面儿童跟着前面儿童走，前后两人保持大约一臂的距离。若前进过程中，二者距离变小，应等候到一臂距离再前进。

6. 教师注意观察并指导儿童，在走线的时候要互相尊重，保持一定的速度，不相互冲撞，按照顺序保持一定的间隔向前走。

7. 若儿童中途不想前进，或有其他事情，可静静地退到一旁。

8. 教师在走线的同时，可以配合一些手部动作，让儿童模仿。

9. 在曲子结束之前，继续前进（或由教师来控制时间的长短）。

10. 教师逐渐延长练习时间（最初以5至10分钟为宜）。

错误控制：

1. 双脚的脚跟与脚尖未接触。

2. 前后两人之间没有距离，无法前进。

3. 脚没有踩在线上。

4. 身体没有保持平衡。

5. 相互推搡，不遵守秩序。

6. 走线与手部动作配合不协调。

年龄：

两岁以上。

活动变化与延伸：

1. 让儿童手拿一些物品进行走线练习。

2. 鼓励儿童自己创新更多的方式进行走线练习。

3. 为儿童示范如何在平衡木上走，鼓励儿童在平衡木上进行走线练习。

4. 为临时控制儿童在教室内的秩序，可以进行线上行走活动或线上游戏。

5. 如果在室内没有办法让全体儿童参与，可以让儿童一个一个地练习。行走完的儿童叫另一位同伴的名字，换人练习，然后自己回到座位观看或进行其他活动。

示范点评

1. 走线练习的目的是培养儿童控制身体平衡的能力。蒙台梭利认为，儿童行走的线应该是椭圆状的。让儿童在椭圆的线上行走，可以保持儿童的兴趣。在椭圆的线上行走，儿童每一步都要保持身体平衡；如果是圆形的，儿童只需一圈一圈地沿着圈走。同样，如果这条线是由直线构成的，例如三角形或者方形，儿童参与的兴趣就没有在椭圆的线上行走时高。在正方形线上行走，不需要思考，沿直线走即可，但是突然出现的急转弯会影响儿童的专注力。因此，蒙台梭利式的走线练习更能引起儿童的兴趣，锻炼儿童多方面的能力。

2. 儿童通过反复在线上步行的练习，可以大大提高手脚平衡前进的能力，在行动中探索知觉，通过知觉寻找平衡。通过肢体的运动感受世界，获得正确的平衡方法。

3. 儿童开始线上行走练习后，教师一定要注意其动作的规范。

4. 教师需注意让儿童根据音乐节奏调整步调。

5. 教师示范的语言要规范、清楚，例如"请像老师一样走"。

6. 这项操作练习有助于训练儿童身体动作的平衡协调性，提高儿童的专注力和意志力，培养儿童的秩序感。

2　线上游戏练习

教具构成：

桌子，珠子，汤匙和玻璃珠，玻璃杯盛色水，铃铛，蜡烛，篮子和水果等。

直接目的：

1. 培养儿童动作平衡的能力。

2. 培养儿童协调灵敏的机能。

3. 培养儿童身体的协调能力。

间接目的：

1. 培养儿童的独立性。

2. 培养儿童的意志力。

3. 为肃静练习做间接准备。

示范过程：

1. 教师按上述要求准备教具。

a. 旗子——各国国旗及旗台。旗子大小为20×25厘米（布制）。

b. 珠子——长约20厘米的细绳五至六条，串上三至五个珠子。

c. 汤匙和玻璃珠——各五至六个。

d. 玻璃杯盛色水——小玻璃杯（酒杯较好）五至六个，里面倒入有颜色的水。不用倒满，离杯口约1厘米。

e. 铃铛——长约20厘米的粗线上系风铃或铃铛五至六个。

f. 蜡烛——附有烛台的蜡烛五至六个。

g. 积木——已堆积好的（也可以书籍替代）。

h. 篮子——垫布和空篮（篮子的大小以适合儿童顶在头部为宜）。

以上各类教具分类整齐放妥，摆在大的桌面上。

2. 教师邀请儿童："今天我要带你做一项新的工作，名称是'线上游戏练习'。"

3. 教师引导儿童靠近白线坐好。

提示：

a. 旗子

1. 教师选择一面国旗并对儿童说："请大家仔细看老师拿着国旗怎样行走。"并向儿童示范行走。

2. 教师右手腕与手臂曲成直角，手握着旗子保持旗子的垂直，腰挺直，双脚脚跟对着脚尖在线上行走。

3. 教师双眼注视国旗，慢慢向前行走。

4. 请儿童跟随教师练习。

b. 珠子

1. 教师手持穿珠子的绳子站在行走线上，对儿童说："不要使穿珠的绳子摇摆，慢慢前进。"并向儿童示范如何行走。

2. 教师右手臂与身体呈直角，使绳子垂直，用三根手指握住绳子，轻轻地缓步前行。

3. 教师的眼睛正视正前方。

4. 请儿童跟随教师练习。

c. 汤匙和玻璃珠

1. 教师指导儿童"行走时不要让玻璃珠掉到地上"，并向儿童示范如何行走。

2. 教师右手臂伸直与身体呈直角；汤匙以拇指在上、四指在下的姿势握住。

3. 教师眼睛注视汤匙中的玻璃珠。

4. 教师双脚脚跟对着脚尖在线上缓步前行 。

5. 请儿童跟随教师练习。

d. 玻璃杯盛色水

1. 教师向儿童示范行走的方法并对儿童说"行走时不要让玻璃杯中的水洒出来"。

2. 教师右手持盛色水的玻璃杯，杯子朝着前方，在线上缓步前行。

3. 教师也可将杯子放在托盘中，用两手端着托盘行走。

4. 请儿童跟随教师练习。

e. 铃铛

1. 教师先用右手拿着铃铛有线的部分站着，对儿童说："行走时不要让铃铛发出声音。"并向儿童示范如何行走。

2. 教师右手臂向前方伸直或呈角弯曲，慢慢地在线上前行，不要使铃铛摇晃。

3. 教师眼睛自然地注视前方。

4. 请儿童跟随教师练习。

f. 蜡烛

1. 教师点燃蜡烛用右手握住，站在线上说："行走时不要使蜡烛熄灭。"并向儿童示范如何行走。

2. 教师左手托着烛台，右手握着烛台的把手，匀速慢慢地向前走。

3. 教师挺直身子，注视火焰，双脚脚跟对着脚尖行走。

4. 请儿童跟随教师练习。

g. 积木

1. 教师在手掌上积高两至三块积木，对儿童说："行走时不要使堆好的积木倒下来。"并向儿童示范如何行走。

2. 教师将手臂紧贴身体，眼睛注视最上层的积木，双脚脚跟对着脚尖慢慢前行。

3. 教师熟练后加高积木，增加难度。

4. 请儿童跟随老师练习。

h. 篮子

1. 教师指导儿童，将篮子顶在头上（篮子下垫一块布），并说"大家仔细看，行走时不要让头上的篮子掉下来"。并向儿童示范如何行走。

2. 教师挺直背部，用手扶住篮子行走。平衡身体后，慢慢放开手。

3. 教师眼睛注视前方，慢慢地在线上行走。

4. 教师顶空篮子，待平稳后，可在篮子内加入水果练习行走。

5. 请儿童跟随教师练习。

错误控制：

1. 身体不平衡，头顶的物体呈现不稳定的状态。

2. 双脚的脚尖和脚跟未接触。

3. 脚超出线外。

年龄：

两岁以上。

活动变化与延伸：

1. 以线上行走和线上游戏练习为基准，培养儿童自然状态的行走。

2. 儿童也可在平衡木上行走。

3. 教师可播放快节奏的音乐，让儿童随意活动身体，但要保持手中或头顶的物体平衡。

运用提示：

（1）这项操作练习对儿童拿物品行走的注意力、困难度有所要求，教师可以逐步增加练习次数或选择其他需要的物品再加以提示。

（2）教师可以指导儿童认识各国国旗的国名，引导儿童进入"国旗游戏"。

（3）教师可让儿童自己点燃蜡烛和熄火（针对进行过实际生活练习"点火、熄火"练习的儿童）。

（4）练习时间在10至15分钟以内。

（5）配合钢琴音乐或播放器的音乐。

（6）提示方法是小组提示或团体提示。

（7）适合进行过线上行走的儿童练习。

示范点评

蒙台梭利认为，儿童掌握行走的能力，靠的不是等待这种能力降临，而是通过学习走路获得。父母欣喜地看到儿童迈出的第一步，儿童的第一步意味着对自己的征服，通常标志着儿童由一岁长到两岁。学会走路对儿童来说是第二次出生，这时他从一个不能自助的人变成了一个积极主动的人。成功地迈出第一步，是儿童正常发展的主要标志之一。所以，教师应该充分顺应儿童的天性，充分引导儿童行走能力的发展，不能以"保护孩子"的名义为儿童行走能力的练习设置过多的限制和障碍。

1. 儿童通过将双脚的脚尖和脚跟交互地在线上行走的练习，可体验身体的平行；通过手持多种教具进行行走练习，可以了解许多教具的名称和用途。

2. 儿童刚开始练习时，教师不需准备所有的教具。

3. 教师需注意，教具全部摆在步行线外的桌子上，行走使用的教具应放置在醒目的地方。

4. 这项操作练习有助于培养儿童的秩序感、顺序性以及慎重的品质。

5. 这项操作练习有助于增强儿童的自我控制能力，培养儿童的注意力。

6. 这项操作练习有助于提高儿童思维的变通性和灵活性。

（二）肃静练习

现代社会的快节奏生活赠予我们很多，但也使我们不得不面对另一面的尴尬：我们期望安静下来。然而，当我们真正安静下来却又异常的空虚。于是，我们陷入了渴望安静又无法安静的悖论。

蒙台梭利在她那个年代就提出了肃静练习问题。

1. 肃静练习的意义

肃静意味着制止骚乱、无秩序、混乱的状态。肃静多由命令达成。但是，在强制前提下的肃静并非真正的肃静，儿童被压抑的喧闹、扰乱秩序的冲动一旦爆发就会造成更严重的无秩序状态。因此，教育者不得不采用新一轮的更严厉的压制措施。

蒙台梭利的肃静练习不是教育者外压式地制止儿童的混乱、喧闹，而是让儿童本身对于内在的精神和肉体的无序状态产生意识性的控制。这样，儿童在精神上感到镇静与安宁后就会发现宁静之美好，并对焦躁、混乱产生自然的排斥。

在肃静练习中，最初教师会让儿童自然地感受身边的声音，由远而近、由外而内，最终儿童会转向感受自己的肌体，听到呼吸的声音、心跳的声音，甚至可以听到血液流动的声音。此时儿童的心智将进入快速发展期，吸收性心智充分呈现出来。

肃静练习的意义体现为两个方面。首先，让儿童处于肃静的状态，可以听见平常忽略的声音，甚至可以重新理解这些声音。此时，肃静就成为一种超乎寻常的理解力，使儿童重新通过声音理解环境以及自己和环境的关系。儿童可以学会享受肃静，并能在肃静中提升自己。

另一方面，肃静练习先让儿童认知外界的噪声以及实际生活中的各种杂音，之后再对比性地认识乐音，从而自然而然地去追求宁静、倾听优美的音乐。不仅如此，儿童还将学会安静、倾听、尊重他人，从而使儿童人格有所提升。

肃静练习和实际生活练习或线上行走相比，是促进集中现象的练习。"肃静"促成"集中"，"集中"产生"肃静"。

要达到肃静练习的目的，不仅需要反复练习，还需要教师有意识地维持班级集体宁静的氛围。蒙台梭利曾引用英国诗人华兹华斯的诗句："多么安谧，多么恬静！唯有船桨的划水声。"

2. 肃静练习的组织

第一阶段

（1）教师邀请儿童到较安静和舒适的地方，可以根据教室情况进行选择。

（2）教师向儿童介绍："我们要做一个特别的游戏。"接着，教师保持头（或是手、脚等，放在自己觉得最轻松、最容易开始的部位）不动，请儿童注意观察并模仿。教师要自然放松身体，全身静止数秒。

（3）请儿童练习并给儿童明确的开始和结束的信息。例如，当教师说开始时，就必须不动；当教师弹指（或以双唇轻弹发出一声弄舌音）时，就表示结束。

（4）教师按照约定的信息让儿童重复练习。在练习过程中，教师必须和儿童一样保持静止。

（5）根据儿童的兴趣以及肃静的能力，教师变换不同的身体部位。最后练习全身不动，并逐渐加长静止的时间。

补充说明：

第一阶段的活动能让儿童意识到自己的肢体，并以不同于平常的方式——"静止"来控制肢体。若发现儿童尚无法完成上述活动，不必勉强，这表示儿童还需要更多身体动作的练习，即必须先有较佳的动态控制能力，才能做静态的控制。

教学延伸：

（1）和儿童进行带有肢体名称的儿歌律动，例如"头儿、肩膀、膝盖、脚……""一个拇指动一动……""左三圈、右三圈，脖子扭扭、屁股扭扭……"，以此来增加儿童意识肢体与控制肢体的练习。

（2）一、二、三木头人：这是一个传统的团体游戏，四岁以上的儿童就可以玩得很好。也可以变化成"一、二、三机器人""一、二、三睡美人"等。配合游戏规则与团体游戏的乐趣，让儿童练习控制不动。

（3）模仿布偶：请儿童模仿他喜爱的布偶的模样，这是两岁儿童可以做的活动。能够控制不动的时间以及模仿的深刻性，会依据儿童的年龄和观察力的不同而有很大的差异。

第二阶段

经过第一阶段的练习，教师和儿童可以共同创造一段安静的时光，此时环境中的声音显得格外清晰。

（1）在儿童能安静并维持一段时间不动后，请儿童闭眼睛，提示儿童注意听见了什么声音，并告诉儿童听到指令后再睁开眼睛。

（2）邀请多名儿童安静地闭眼倾听一段时间后，再请儿童睁开眼睛，分享彼此听到的声音。

补充说明：

此阶段除了能发展听觉感官敏感度外，还能体会不同程度的安静和状态。此阶段的练习有助于儿童认识自己和环境的关系，进而探索自己的内在。同时，教师有机会倾听儿童内在的声音。

教学延伸：

（1）进行上述练习，教师可同时介绍乐器，先让儿童听一段音乐（教师事先挑选好），然后从中找出儿童听过的乐器声。如果教师是音乐爱好者，可以把握儿童的感官敏感期，引导儿童亲近音乐。

（2）教师邀请儿童到户外从事上述活动，再与儿童一起分享听到的声音，例如风声、松涛声、鸟鸣声、火车声、海浪声等。当儿童能够真实地聆听大自然的声音后，教师可以与儿童一起寻找声源，培养儿童成为自然的观察者。

第三阶段

确定儿童已经能控制自己的意志进入安静状态并敏锐地感知环境中的声音后，教师可以尝试做第三阶段的练习。

（1）教师请儿童坐下来，先静坐不动，然后轻唤儿童的名字。当儿童听到自己的名字后，再安静地行走到教师的身边。

（2）教师也可以行走到离儿童有一段距离的地方（多次练习后，教师可以在门边或隔壁房间），轻唤儿童的名字，等待儿童安静地走来。

（3）教师轮流轻唤所有参与练习的儿童的名字。

补充说明：

（1）此阶段的练习更能体现儿童自我控制的能力。教师应该先邀请不能久坐的儿童来到身边，以便让所有儿童都能经历成功。

（2）不同儿童练习进入下一阶段的时间存在个体差异。另外，即使已经练习至第三阶段，仍可以再进行第一、第二阶段的练习。

总之，这三个阶段的练习有助于儿童达到肃静的状态，儿童需要有机会经历肃静，更需要一个有能力提供肃静方法的成人来引导。教师在练习中应该注意观察，仔细分析并找到更适合的肃静的方法，或者去除影响安静的因素，让儿童凝聚肃静的内在能量，激发个人独特的潜能。

3 肃静练习活动

教具构成：

桌子，椅子，响板，铃鼓，三角铁。

直接目的：

1. 让儿童理解宁静的好处。

2. 提高儿童的自我控制能力。

3. 培养儿童的耐心。

间接目的：

1. 培养儿童的专注精神。

2. 让儿童养成调整自己动作的习惯。

3. 培养儿童与朋友间协助和配合的能力。

示范过程：

1. 教师按照上述要求准备教具。

2. 教师邀请儿童："今天我要带你做一项新的工作，名称是'肃静练习活动'。"

3. 教师提示。

不发出声音

（1）轻放桌、椅。

（2）轻轻地走路。

（3）轻轻地从椅子上站起来。

（4）准备餐桌，轻而迅速。

聆听声音

（1）铃声、时钟声。

（2）响板、铃鼓、三角铁等的声音。

（3）拍手、说话等的声音。

不发出声音的游戏

（1）比比看，谁先笑。

（2）比比看，谁先眨眼。

错误控制：

1. 发出声音。

2. 未配合教师的提示做相应的动作。

年龄：

两岁以上。

活动变化与延伸：

1. 让儿童用手指数自己的脉搏和心脏跳动的次数。

2. 教师低声逐一唤喊儿童的名字，被叫到的儿童轻轻地走到教师身旁，与教师握握手。

3. 可以作为避难训练的指导方法。例如"敌人来了，不要发出声音"。

4. 即将放学前有必要进行肃静练习。

5. 每天逐渐增加肃静练习的时间。

示范点评

1. 肃静练习对于培养儿童的秩序感具有重要的作用。通过一系列的延伸活动，儿童可以体会肃静的好处，并逐步培养良好的品行与习惯。

2. 教师需根据具体情况做无声练习或听声练习。

3. 这项操作练习有助于培养儿童认真倾听的习惯，提高其听觉的敏锐性。

4. 这项操作练习有助于培养儿童的耐心和自我控制的意志力。

5. 通过肃静练习，儿童在精神上感到镇静与安宁，从而对焦躁、混乱产生自然的排斥。在此过程中儿童感受各种声音，学会安静，学会倾听，学会尊重他人，有助于培养感受力。这一切使儿童产生自控力，同时也为其成长过程中经常进行自省起到准备作用。

6. 肃静练习需要做很多准备，所以不能在学年开始时进行。每一个儿童都必须有意愿参与这项活动并使得活动和他人都取得成功。为了能够进行肃静练习，儿童必须要有足够强的自我引导和自我控制能力。

参考文献

［1］［意］玛利亚·蒙台梭利. 科学的幼儿教育方法［M］. 单中惠，译. 济南：山东教育出版社，2018.

［2］［意］玛利亚·蒙台梭利. 童年的秘密［M］. 单中惠，译. 济南：山东教育出版社，2018.

［3］［意］玛利亚·蒙台梭利. 为了新世界的教育·童年的教育［M］. 单中惠，等译. 济南：山东教育出版社，2018.

［4］［意］玛利亚·蒙台梭利. 有吸收力的心理［M］. 单中惠，译. 济南：山东教育出版社，2018.

［5］［意］玛利亚·蒙台梭利. 蒙台梭利儿童教育手册［M］. 肖咏捷，译. 北京：中国发展出版社，2003.

［6］［意］单中惠等. 蒙台梭利幼儿教育著作精选［M］. 上海：华东师范大学出版社，2009.

［7］［法］夏洛特·普桑. 蒙台梭利教育精华［M］. 尹亚楠，译. 杭州：浙江人民出版社，2015.

［8］单中惠. 蒙台梭利幼儿教育经典名著导读［C］. 济南：山东教育出版社，2018.

［9］苑海燕主编. 蒙台梭利教育理论及方法［M］. 北京：清华大学出版社，2017.

［10］朱家雄.幼儿园课程论［M］.北京：中央广播电视大学出版社，2007.

［11］鲍亚.蒙台梭利的自然教育［J］.学前课程研究，2007.

［12］单中惠.儿童与游戏［J］.幼儿100（教师版），2013.

［13］蒙台梭利，单中惠译.教师的使命［J］.师道.2005.

［14］Wood，Walter. *Children's Play and Its Place in Education with an Appendix on the Montessori Method*［M］.Routledge，2012.

［15］Isaaacs，Barbara. *Bringing the Montessori Approach to Your Early Years Practice*［M］.Routledge，2015.